# traficantes de sueños

Traficantes de Sueños no es una casa editorial, ni siquiera una editorial independiente que contempla la publicación de una colección variable de textos críticos. Es, por el contrario, un proyecto, en el sentido estricto de «apuesta», que se dirige a cartografiar las líneas constituyentes de otras formas de vida. La construcción teórica y práctica de la caja de herramientas que, con palabras propias, puede componer el ciclo de luchas de las próximas décadas.

Sin complacencias con la arcaica sacralidad del libro, sin concesiones con el narcisismo literario, sin lealtad alguna a los usurpadores del saber, TdS adopta sin ambages la libertad de acceso al conocimiento. Queda, por tanto, permitida y abierta la reproducción total o parcial de los textos publicados, en cualquier formato imaginable, salvo por explícita voluntad del autor o de la autora y sólo en el caso de las ediciones con ánimo de lucro.

Omnia sunt communia!

**Útiles** es un tren en marcha que anima la discusión en el seno de los movimientos sociales. Alienta la creación de nuevos terrenos de conflicto en el trabajo precario y en el trabajo de los migrantes, estimula la autorreflexión de los grupos feministas, de las asociaciones locales y de los proyectos de comunicación social, incita a la apertura de nuevos campos de batalla en una frontera digital todavía abierta.

Útiles recoge materiales de encuesta y de investigación. Se propone como un proyecto editorial autoproducido por los movimientos sociales. Trata de poner a disposición del «común» saberes y conocimientos generados en el centro de las dinámicas de explotación y dominio y desde las prácticas de autoorganización. Conocimientos que quieren ser las herramientas de futuras prácticas de libertad.

Este libro ha recibido financiación del Ministerio Federal de Asuntos Exteriores de Alemania (AA) a través de la Fundación Rosa Luxemburgo (Rosa-Luxemburg-Stiftung). El editor es el único responsable de esta publicación. Las posiciones expresadas en este documento no reflejan las opiniones del financiador. La publicación no puede utilizarse con fines electorales.

**1ª edición**: Marzo de 2025
**Título:** *Poder inquilino*
**Autora:** Sindicato de Inquilinas y Sindicat de Llogateres

**Maquetación y diseño de cubierta:**
Traficantes de Sueños

**Edición:**
Traficantes de Sueños

C/ Duque de Alba 13, 28012, Madrid.
Tlf: 915320928
e-mail:editorial@traficantes.net

@editorial.Traficantes

@Traficantes_Ed

**Impresión:**
Cofás artes gráficas

**ISBN:** 978-84-19833-33-4
**Depósito legal:** M-2763-2025

# Poder inquilino

## Sindicato de Inquilinas
## Sindicat de Llogateres

traficantes de sueños

# Índice

# Prólogo

Durante todo el tiempo que llevas viviendo en tu casa, nunca habías tenido ningún problema ni con el alquiler ni con el casero. De repente, un buen día recibes un burofax: no te renueva el contrato. Te da unos meses para abandonar la vivienda.

No te lo puedes creer. Debe de ser un error. Es imposible que esto esté ocurriendo. Te pones en contacto con la inmobiliaria que gestiona el piso. Te explican que no hay nada que hacer; los precios en el barrio han subido mucho y tú no puedes pagarlos. Insistes en saber la cifra exacta, pensando que quizás podrías hacer un esfuerzo. Finalmente, te lo dicen. La subida puede ser del 30 %, del 50 % o incluso del 100 %. Da igual, porque ninguna de estas opciones es asumible para ti.

Entras a Internet y empiezas a buscar pisos. Es imposible. ¿Cuándo subieron tanto los precios en el barrio? Vas descartando opciones una tras otra. No puedes permitirte ninguno, así que finalmente decides buscar en otros barrios, en la periferia. Barrios humildes donde los alquileres siempre han sido más bajos.

Te das cuenta de que tampoco puedes pagarlos. No importa dónde busques. De repente, encuentras uno que podrías costear, aunque implique recortar gastos. Llamas. Te piden cuatro meses por adelantado, un aval, la copia de tus tres últimas nóminas y una serie de requisitos que sabes que son ilegales, cláusulas abusivas. Se lo mencionas. No les importa; ya tienen a un puñado de personas que han enviado todos los documentos y están eligiendo a quién aceptar. Estás desesperada. No sabes qué hacer. Se lo cuentas a tus amigos. Uno te sugiere que contactes con el Sindicato de Inquilinas e Inquilinos.

En el Sindicato te das cuenta de que no estás sola. Lo que te sucede es algo que afecta a muchas personas. Es un problema estructural. Te escuchan y les escuchas. La rabia va en aumento. Lo que te está haciendo tu casero es legal, aunque ilegítimo. Solo te queda una opción: organizarte en el Sindicato y luchar.

En este texto no encontrarás soluciones mágicas a tu problema. Las soluciones están en la organización y la estructura del Sindicato: las asambleas, los asesoramientos colectivos, el apoyo mutuo y la acción sindical. Pero este libro te ayudará a comprender lo que te sucede y a organizarte para acabar con ello. Descubrirás que tu problema es propio de las sociedades capitalistas, que han convertido un bien básico como la vivienda en un elemento estratégico para la acumulación de riqueza y el beneficio infinito. El libro te ayudará a entender la economía política en torno a la vivienda y quiénes se benefician de este sistema. También aprenderás sobre las luchas relacionadas con la vivienda, otras formas de regulación, los discursos sociales y el papel de los medios de comunicación. Pero, sobre todo, podrás comprender con más detalle cómo funciona el Sindicato, nuestras campañas y tipos de acciones; por qué es tan importante la afiliación, hablar con tus vecinas, investigar a tu casero o aparecer en los medios de comunicación; o por qué hablamos de poder popular o de confederarnos con sindicatos laborales, feministas, ecologistas y antirracistas.

Si ya tienes claro el diagnóstico de la situación de la vivienda y prefieres ir directo a la parte práctica, puedes saltarte el análisis inicial y entrar de lleno en las propuestas y respuestas que los Sindicatos de Inquilinas estamos desarrollando para plantar cara al rentismo. Además, te animamos a que no leas este libro en soledad. Lo mejor es compartir el proceso de aprendizaje y reflexión en colectivo. Monta un club de lectura allá donde estés, reúne a tus vecinas, amigos o compañeras de lucha para debatir estas páginas. En nuestra web podrás encontrar una guía de lectura para facilitar el proceso.

En definitiva, este libro es una herramienta de formación y organización para las personas que nos vemos obligadas a enriquecer a otros por el simple hecho de necesitar un hogar. Tengas o no un problema con tu casero, vivir de alquiler es un conflicto en sí mismo. Esta es tu lucha, aquí estamos tus compañeras y tienes entre tus manos el primer paso para organizarte contra el rentismo.

# I. PROCESOS ECONÓMICOS

Para la mayoría de las personas, nuestras viviendas no son solo un espacio físico, sino el núcleo donde transcurre gran parte de nuestras vidas. Sin embargo, en nuestras sociedades, también representan un pilar clave de la economía. Y como sabemos, la economía no es igual para todos: está marcada por profundas desigualdades. Estas desigualdades explican por qué algunas personas poseen grandes patrimonios y otras apenas logran cubrir lo básico. En el ámbito de la vivienda, esto se traduce en que algunos tienen varias propiedades, incluso viviendas que no utilizan y que alquilan, mientras otros deben vivir de alquiler o, peor aún, no tienen acceso a una vivienda digna. Además, mientras hay quienes ganan grandes sumas de dinero gracias al negocio inmobiliario, para muchas personas el alquiler representa una fuente constante de empobrecimiento y precariedad.

Esta desigualdad en el acceso y uso de las viviendas no es casual; es un reflejo directo de las desigualdades estructurales de nuestras sociedades. Se agrava porque las viviendas han dejado de ser vistas como un derecho básico o un hogar, para convertirse en una mercancía con la que obtener beneficios. Cuando suben los precios del alquiler, o cuando una persona es desalojada para buscar inquilinas que puedan pagar más, o para destinar la vivienda a turistas dispuestos a gastar más dinero, la razón principal detrás de estas acciones es siempre la misma: maximizar beneficios a costa de las viviendas.

En este primer apartado del libro, explicamos cómo los problemas de vivienda que hoy enfrentamos son el resultado de haber transformado las viviendas en una herramienta de lucro, enriqueciendo a unas pocas personas y empresas, y precarizando a cambio la vida de muchas otras.

# 1
## La función de la vivienda en nuestras sociedades

En las sociedades capitalistas, la vivienda tiene una función social y una función económica. La función social se refiere a su valor de uso: a la vivienda como hogar, como sitio en el que se vive. A su vez, la función económica de la vivienda se refiere a su valor de cambio: a la vivienda como activo financiero, como medio con el que obtener beneficios. En la mayoría de sociedades contemporáneas, todas las viviendas cumplen ambas funciones de manera simultánea, pero en distinto grado. Esto se debe a que ambas funciones son antagónicas y funcionan como los extremos de una balanza: el fomento de la función social de la vivienda siempre estará en detrimento de la maximización de su función económica, y viceversa.

Aquellos sistemas de vivienda donde la función económica predomina sobre su función social, el precio de mercado y las políticas financieras organizan y determinan el conjunto del sistema. Lo que se garantiza, ante todo, es que la vivienda sea un activo con el que obtener beneficios, fácilmente intercambiable, en el que se pueda invertir, y que los precios fluctúen según «la evolución de los mercados». En este caso, la función social de la vivienda queda subordinada a la función económica, y la vivienda como derecho humano se reduce a su mínima expresión.

En España, desde la década de 1980 se han aplicado una serie de políticas que han facilitado que las viviendas se hayan transformado en activos financieros. Algunos ejemplos son el Decreto Boyer de 1985, las políticas de titulización para convertir las propiedades inmobiliarias en valores negociables, las políticas de expansión del crédito hacia una mayor parte de la sociedad, leyes de suelo que posibilitan que todo terreno se pueda calificar como urbanizable, la implementación de instrumentos como las Sociedades Anónimas Cotizadas de Inversión Inmobiliaria (SOCIMI) o la venta de vivienda pública en 2013. Todas estas medidas han buscado fomentar la inversión en el sector inmobiliario y la transformación de las viviendas en activos financieros, a costa de la función social de las mismas.

En cambio, cuando la función social de la vivienda predomina, el sistema de vivienda se organiza y determina en torno al concepto de la vivienda como derecho fundamental, independientemente del beneficio que se pueda obtener de la misma. En estos casos, se garantiza ante todo el acceso y la permanencia en la vivienda, que esta sea asequible y tenga condiciones aceptables en términos de habitabilidad y localización. Por lo tanto, las posibilidades de obtener beneficios o de especular en estos sistemas de vivienda son mínimas, ya que la función económica de la vivienda está subordinada a su función social. Algunas medidas que protegen la función social de la vivienda serían el control del precio de los alquileres, los contratos de alquiler de duración indefinida, las políticas contra la vivienda vacía, los impuestos contra la especulación o la vivienda pública.

En ningún lugar del mundo la función de la vivienda es exclusivamente social o económica, pero se observan diferencias muy significativas entre distintos países. Poner el foco en el antagonismo entre la función social y la función económica es clave a la hora de analizar los problemas contemporáneos de vivienda y pensar las políticas públicas necesarias para superarlos. Esto se debe a que las crisis de vivienda contemporáneas se producen cuando la función económica de la vivienda como activo prima sobre su función social como hogar, cuando la vivienda comienza a cumplir funciones económicas antes que funciones sociales. En 2017, Leilani Farha, la relatora especial de Naciones Unidas sobre el derecho a una vivienda digna, señalaba que la actual crisis de vivienda no se parece a ninguna otra crisis anterior, ya que no se caracteriza por una carencia de vivienda, sino por los usos a los que se destinan los inmuebles. Según la relatora, la crisis deriva de la hegemonía de la función especulativa de la vivienda sobre su función social, debido a que la vivienda y la propiedad inmobiliaria comercial se han convertido en el «producto de elección» de las finanzas corporativas, y tanto las empresas como los fondos financieros se están apropiando de la vivienda y de los bienes inmuebles en muchas ciudades a un ritmo impresionante.

La magnitud de la crisis de vivienda, el predominio de la función especulativa sobre la función social, y la vulneración del derecho a la vivienda, dependen en última instancia de la forma en que los Estados intervienen y utilizan los recursos a su disposición para fomentar una u otra función. Por lo tanto, en última instancia, los «problemas de vivienda» son fruto de decisiones políticas y, por tanto, pueden cambiar mediante la organización y la lucha de base.

# 2
## ¿Por qué pagamos alquiler?

La mayoría de las inquilinas pagamos cada mes nuestro alquiler sin cuestionarnos el porqué, es decir, naturalizando esta acción. Hay una parte de la población, en cambio, que no solo tiene una casa en propiedad, sin tener que hacer frente al alquiler, sino que tienen casas de sobra para alquilar y hacer negocio sin tener que trabajar. En este sentido, el alquiler es una transferencia directa de dinero, en forma de renta directa de quien no tiene casa en propiedad a quien tiene de sobra.

En este sentido, cuando nos preguntamos «¿por qué pagamos alquiler?» y «¿por qué no deja de subir si las viviendas son las mismas?», empezamos a cuestionar algo que, como forma parte de nuestra cotidianidad, habíamos naturalizado. En otras palabras, empezamos a preguntarnos por qué nuestros alquileres funcionan como rentas para otros y a cuestionar una relación social de poder que cada vez nos hace la vida más insostenible debido a un encarecimiento sostenido y casi imparable de los precios del alquiler.

Así es como empezamos a leer sobre la teoría de la renta desde el propio Sindicato de Inquilinas, con el fin de conocer las posibles explicaciones críticas sobre la existencia de la renta de alquiler que nos permita cuestionar las explicaciones hegemónicas que normalizan y defienden que los caseros sigan extrayendo rentas a costa nuestra. Para una primera aproximación podemos centrar nuestro análisis en dos fases. En primer lugar, hay que entender la renta no como una relación que se da únicamente entre individuos, sino que debe analizarse como una relación entre diferentes grupos sociales. Partiendo de esta posición metodológica, en segundo lugar intentaremos explicar qué se esconde detrás de esta relación social, para comprender qué es la renta.

### La renta como relación social

Empezamos con la distinción evidente entre dos grupos sociales. Por un lado, hay un grupo social formado por aquellos que poseen viviendas que no utilizan directamente y que, por tanto, pueden hacer negocio a través de cobrar un alquiler. Este grupo son los rentistas. Aunque no se trate de un bloque homogéneo (pequeños propietarios, grandes, personas jurídicas, sociedades...), comparten esta posición respecto a la relación de alquiler. Por otro lado, existen las inquilinas, que somos quienes no tenemos viviendas en propiedad, pero que evidentemente las necesitamos para vivir.

¿Cómo interactúan estos dos grupos entre sí? A través de la renta. Por eso la renta es una relación social, entre dos grupos claramente diferenciados, aunque los contratos que firmamos sean individuales.

Vemos, entonces, cómo la propia definición simple ya nos indica ciertas cuestiones clave para entender la renta. En primer lugar, vemos que se trata de una relación entre dos grupos sociales, y que son diferentes: las inquilinas y los propietarios. En segundo lugar, vemos cómo la definición adquiere un carácter diferente en función del punto de vista de quien la define, o mejor dicho, nos indica cómo la renta tiene funciones diferentes según el lugar social que ocupan las personas. Para las inquilinas, es una obligación para acceder a una necesidad básica, mientras que para los propietarios es una ganancia económica. En tercer lugar, se trata de una relación social con intereses y necesidades completamente opuestos entre caseros e inquilinas. El casero buscará que el precio del alquiler sea lo más alto posible y los contratos lo más cortos posibles. En cambio, las inquilinas aspiramos a todo lo contrario. Y es que el pago de una renta de alquiler no es la causa de la existencia de la renta, sino su consecuencia.

Recapitulemos entonces: con la renta, una parte nada despreciable de nuestro sueldo o de nuestra pensión (del dinero que ganamos o hemos ganado con nuestro trabajo) va a parar a manos de caseros, que tienen casas sobrantes para alquilar y hacer negocio. Aunque pueda haber excepciones, la renta, muy a menudo, es un pago que va de pobres a ricos, es decir, una relación de explotación de una clase propietaria hacia una clase inquilina desposeída de patrimonio.

La contradicción más flagrante que emana de esta relación es la que confronta la renta con la reproducción social, entendida como el sostenimiento y la reproducción de la vida. Es decir, si todas estamos de acuerdo en que disponer de una vivienda es totalmente necesario para poder desarrollar nuestras vidas, para mantenernos y construir vínculos (con nuestra pareja, nuestra familia, nuestras amistades…), entonces ¿cómo puede ser que algo que es imprescindible para cualquier ser humano se convierta en fuente de lucro y beneficio para unos pocos? Las actuales relaciones sociales capitalistas van, así, en contra de nuestras vidas y convierten la vivienda en un problema para la mayoría de nosotras. Esta situación estructural explica la existencia de la lucha de clases en torno al problema de la vivienda. Del mismo modo que esta ha sido la fuerza que ha estado detrás de muchas de las conquistas sociales para las clases trabajadoras —como la jornada de 8 horas a principios del siglo XX o muchas mejoras en materia de vivienda que se explican más adelante en este mismo manual—, y continúa estando presente en el día a día en nuestros lugares de trabajo —a través del conflicto entre jefes y empleados—, también en la vivienda se desarrolla una lucha de clases entre dos grandes grupos enfrentados: los rentistas que especulan con la vivienda y las inquilinas que aspiramos a tener un hogar digno.

Por tanto, a la pregunta «¿por qué pagamos alquiler?» solo podemos responder con la respuesta «porque existe el derecho a la propiedad privada sobre las viviendas que no están en uso propio y esta propiedad privada es excluyente, es decir, por definición no es para todos». Una vez tenemos claro esto, podemos abordar la teorización crítica sobre la renta.

### ¿Qué es la renta?

La renta es un fenómeno social y económico relevante para entender hoy el dominio de clase, las formas de explotación económica, la reproducción de las relaciones sociales capitalistas, el funcionamiento del modo económico capitalista, así como su entramado ideológico. Si continuamos avanzando hacia la concreción de la definición de renta, podríamos definirla como:

- El pago realizado por una inquilina con el objetivo de disfrutar temporalmente el uso de un bien, en nuestro caso una vivienda, de la cual no es propietaria.

- Los beneficios que puede extraer el propietario de un bien por ceder temporalmente su uso a una inquilina.

En este punto, para poder definir la sustancia de la renta, debemos conectarla con el acceso a derechos de uso sobre la propiedad privada. Estos derechos de uso se concretan en el contrato de alquiler y en la legislación que lo regula. Desde esta perspectiva, la renta tiene la apariencia del resultado de una relación contractual entre individuos, en la que se transfiere una parte del derecho de propiedad (el derecho al uso) del propietario a la inquilina. Podría parecer pues que la renta es el resultado de un «pacto libre» entre dos partes individuales. Pero, como ya hemos adelantado, esta concepción de la renta es engañosa, pues la renta no surge de un acuerdo entre individuos, sino que emana de las relaciones entre grupos sociales, concretamente entre dos clases, los caseros y las inquilinas, con intereses antagónicos. Esta concepción de la renta nos obliga a cuestionar la supuesta libertad de contratación, y a considerar las relaciones de poder y las estructuras sociales que determinan la existencia de la renta.

Si seguimos desgranando la forma de intercambio económico que surge como consecuencia de esta relación social, podremos comenzar a vislumbrar qué se esconde detrás del pago del alquiler. Un desgranado más preciso del alquiler nos ha llevado a la siguiente definición.

El pago de la renta de alquiler que realizamos cada mes contiene:

- La renta del suelo.
- Las amortizaciones hechas en la construcción o rehabilitación/mantenimiento de las viviendas (inversión de capital productivo).
- Otros conceptos (como podrían ser impuestos sobre los inmuebles, etcétera).

Renta total de alquiler = renta del suelo + inversión de capital productivo + otros conceptos.

Si hacemos números, veremos que el grueso de lo que pagamos cuando pagamos rentas de alquiler es la renta del suelo, ya que la construcción de las casas hace tiempo que se ha amortizado y los otros conceptos suponen una parte ínfima (además de que a menudo son cobrados aparte de la renta). Pero ¿a qué nos referimos cuando decimos renta del suelo?

En primera instancia, hay que subrayar el carácter de bien finito que tiene el suelo y que no ha sido producido ni se puede producir. Así pues, su apropiación privativa y excluyente es la que permite el surgimiento de la renta pura. Es decir, la posición que ocupa un propietario dentro de su grupo social le otorga un poder sustancial respecto a quienes tenemos restringido el acceso y uso a esta propiedad. La existencia de estos propietarios rentistas, con poder suficiente para exigir rentas muy altas y que no cederán nunca el suelo de forma gratuita o muy barata, es la realidad que permite explicar por qué no hay ningún piso (que no sea de renta antigua) con una renta inferior a 700 euros, independientemente de la localización y las calidades de la vivienda. Podemos entender, entonces, la renta del suelo como renta absoluta, como poder absoluto que otorgan los derechos de propiedad privada a los propietarios protegiendo sus intereses.

Ahora bien, más allá de este condicionante esencial de la renta absoluta, la teoría de la renta también nos permite explicar por qué un alquiler de un piso es más caro que otro. Nos referimos al concepto de renta diferencial. Este carácter diferencial de los precios es el que recibió más atención por los economistas clásicos y que, finalmente, Marx clasificó en:

1. *La renta diferencial 1* es la que clásicamente tiene que ver con las ventajas del suelo o, en nuestro caso, de las viviendas. Por ejemplo, la proximidad respecto a un núcleo urbano, donde se concentran los lugares de trabajo, o los comercios, o si el entorno dispone de servicios públicos, la calidad y el mantenimiento de las infraestructuras como la peatonalización de una calle concreta, espacios verdes, etc., que hacen que sea mejor la calidad de vida en ese entorno. Un ejemplo claro lo encontraríamos en el efecto de aumento de rentas en los alrededores inmediatos de las supermanzanas.[1] La

---

[1] Las supermanzanas son los espacios urbanos compuestos por un complejo residencial de edificios y por zonas peatonales destinadas al ocio, con un tráfico limitado o muy reducido. Su implementación fue una de las medidas estrella de la alcaldesa de Barcelona, Ada Colau, durante su segunda legislatura (2019-2023). Sin embargo, las medidas de peatonalización y ajardinamiento

renta diferencial tipo 1, en el caso de las viviendas, se apropia del trabajo que se ha hecho en el entorno, y también de la localización ventajosa.

2. *La renta diferencial 2*, en cambio, explica también las diferencias en la calidad del suelo, pero en este caso son resultado de la inversión hecha en la vivienda. Nos referimos a las reformas integrales de apartamentos para transformarlos en pisos de lujo (o casi), por los cuales se piden rentas más elevadas, o incluso las mejoras hechas por las propias inquilinas. Hay que tener en cuenta, sin embargo, que son rentas que existen incluso cuando ya se han amortizado las inversiones hechas, por tanto, son ganancias extraordinarias.

En resumen, hemos explicado de qué formas la renta, entendida como la apropiación excluyente del suelo y de las viviendas construidas sobre él, construye una relación social desigual que enfrenta a dos clases, inquilinas y rentistas (o caseros), de tal forma que la primera clase está obligada a transferir una renta a la segunda con el fin de poder disfrutar de una vivienda, lo que explica la existencia de un conflicto estructural o lucha de clases en torno a la vivienda. En el marco de las relaciones sociales capitalistas, el pago de esta renta confirma que las viviendas se consideran, principalmente, como bienes o activos de mercado, sujetas a las reglas de la economía, y no tanto como bienes de uso, es decir, como hogares o sitios en los que todo el mundo debería poder desarrollar y sostener su propia vida.

---

de estos espacios trajeron como consecuencia un aumento considerable de las rentas de alquiler en los terrenos adyacentes.

# 3
## La financiarización de la vivienda

La financiarización de la vivienda es un fenómeno socioeconómico que se refiere al aumento significativo del papel de las finanzas en el mercado de la vivienda y en la forma en que las personas acceden a la misma. Este proceso implica una mayor participación y un mayor poder de las instituciones financieras, como bancos, fondos de inversión y entidades hipotecarias, en la compra, venta y financiación de viviendas.

En términos prácticos, la financiarización de la vivienda se manifiesta a través de varios mecanismos, como la proliferación de instrumentos financieros vinculados a la vivienda (como los productos de inversión respaldados por hipotecas), el aumento de la especulación inmobiliaria impulsada por la búsqueda de ganancias financieras y la creciente dependencia de los hogares de préstamos hipotecarios para acceder a la vivienda. Así, la financiarización de la vivienda representa una transformación en la forma en que se estructura y opera el mercado de la vivienda, con un mayor énfasis en los aspectos financieros y toda una serie de implicaciones. La más importante de ellas es que la función económica de la vivienda ha superado gradualmente a su función social, por lo que las viviendas tienden a tratarse como activos financieros.

Entre la década de 1980 y la crisis de 2008, la financiari-zación de la vivienda se caracterizó por la expansión del crédito hipotecario y el subsiguiente auge de la vivienda en propiedad. El objetivo fue facilitar que la población pu-diera acceder masivamente a una vivienda en propiedad, incluidos los sectores más empobrecidos. Este proceso ge-neró muchos beneficios para los bancos, el sector inmobi-liario y el sector financiero. Cada vez más dinero se dirigió hacia los mercados inmobiliarios y hacia la vivienda en propiedad, lo que disparó los precios de la vivienda e im-pulsó burbujas inmobiliarias. Durante estos años, la eco-nomía mundial comenzó a articularse sobre los procesos especulativos vinculados al sector inmobiliario. El Estado tuvo un papel central en este proceso. Por un lado, aban-donó su función como proveedor de vivienda pública, al tiempo que impulsó procesos de desregulación y privati-zación del mercado. Por otro, intervino en el mercado para favorecer la financiarización del sistema inmobiliario, ex-tender la sociedad de propietarios y facilitar el crédito ha-cia los hogares. Pero sobre todo, facilitó que el precio de la vivienda nunca dejara de subir.

A lo largo de las últimas décadas, la vivienda ha cam-biado su función principal. Antes era vista sobre todo como un lugar para vivir, pero poco a poco fue convirtiéndose en un activo financiero, es decir, en una forma de ganar dinero. Esta transformación significó que cada vez más personas compraban casas no solo para vivir, sino para aprovechar las ganancias que generaba su aumento de valor en el mer-cado. Entre 1980 y 2008, este cambio fue suavizado con la creación de la llamada «sociedad de propietarios». La idea era que, al convertir a la clase trabajadora en dueña de sus casas, se aprovechaba tanto el uso de la vivienda como ho-gar, como el hecho de que estas viviendas aumentaban de valor con el tiempo, generando ganancias.

Este proceso no fue solamente económico, sino que también tuvo un fuerte componente ideológico. Al con-vertirse en propietarios, muchos trabajadores empezaron a creer que ya no necesitaban sindicatos para luchar por sus derechos laborales, ni un Estado que interviniera para proteger su bienestar. Pensaban que solo hacía falta ser propietarios de sus casas y que los precios de las viviendas siguieran subiendo para garantizar su futuro y su calidad de vida. Así, la idea de que el patrimonio personal dependía más del valor de la vivienda que del trabajo se instaló en la sociedad. Al mismo tiempo, se desmantelaron servicios y estructuras colectivas que antes ayudaban a las personas, y el bienestar de las familias quedó ligado al riesgo de que los precios de las casas pudieran caer o subir, sin ningún tipo de seguridad.

La financiarización de la vivienda mediante la extensión de la vivienda en propiedad entre el conjunto de la población solo fue posible gracias a la intervención del Estado junto a la ingeniería financiera de la titulización. La «titulización hipotecaria» fue el mecanismo que permitió a los bancos agrupar las hipotecas concedidas en paquetes y venderlas a otras entidades bancarias como productos financieros con un cierto riesgo (dado que todavía no habían sido cobradas). Se produjo así un cambio en la esencia del modelo. Los bancos ya no emitían hipotecas para cobrarlas, sino para venderlas a otros bancos. Este modelo redujo el riesgo hipotecario para los bancos, dado que el banco que concedía la hipoteca no sería el mismo que la acabaría cobrando, por lo que el análisis de las posibilidades que la persona hipotecada tenía de devolver el préstamo dejaron de importar para los bancos que concedían hipotecas. El negocio consistía en producir el máximo número de hipotecas para venderlas en mercados especulativos, con la promesa de que el comprador obtendría un beneficio mayor cuando las hipotecas fueran cobradas. ¿A quién le importaba que los hipotecados no pudieran pagar? Las entidades que compraban los paquetes de deuda tampoco tenían la intención de cobrarlos, sino que esperaban venderlos en el futuro tras su revalorización. Así fue como las hipotecas crecieron sin fin hasta tocar techo, cuando una gran parte de la población ya se había hipotecado. Pero la maquinaria no podía detenerse sin más; era necesario emitir hipotecas de alto riesgo. Tocaba hipotecar a aquellas personas que nunca podrían devolver los créditos. Los préstamos de alto riesgo se convirtieron en el motor de la economía. Cuantas más hipotecas se emitían, más dinero entraba en el sector, más subían los precios de la vivienda, más valían los paquetes hipotecarios y más rentable se volvía el negocio. Bancos, fondos de inversión, compañías de seguros, fondos de pensiones, todas las grandes entidades financieras se lanzaron al negocio. Nadie quiso perderse la fiesta.

Este modelo estalló en 2008. Aquella crisis demostró que estábamos ante una burbuja inmobiliaria insostenible. Desde entonces, se han producido cientos de miles de desahucios por ejecución hipotecaria y el sector financiero ha sido rescatado con dinero público. Tras 2008, parecía que la especulación con la vivienda había llegado a su fin, pero ocurrió todo lo contrario. La crisis de 2008 creó las condiciones para un nuevo ciclo de acumulación financiero-inmobiliaria a nivel internacional. Este ciclo se ha caracterizado por cuatro elementos clave:

1. La crisis dio inicio a un contexto marcado por una situación internacional de sobreacumulación de capital, exceso de liquidez y pérdida de rentabilidad en determinados mercados financieros. Todo esto convirtió a la vivienda en un refugio para el capital especulativo que buscaba nuevos mercados.

2. El capital se desplazó cada vez más hacia la vivienda de alquiler (y no solo hacia las hipotecas), en busca de beneficios.

3. Los denominados fondos buitre se convirtieron en caseros corporativos globales. Estos fondos de inversión han aprovechado los contextos de crisis para acaparar viviendas, al tiempo que emplean formas agresivas de gestión de sus carteras de alquiler con el único objetivo de maximizar sus beneficios.

4.  La vivienda en alquiler creció como una forma de explotación de la población, convirtiéndose en una de las principales causas de empobrecimiento. Sin embargo, se trata de una forma de explotación invisibilizada: la gente no lo percibe como tal. La población enfrenta problemas de vivienda; les cuesta acceder a una vivienda, encontrarla, pagarla y tener seguridad en ella. Pero, en general, no se percibe como un medio de explotación. Se considera un problema que debe resolverse de la mejor manera posible, minimizando los inconvenientes en sus vidas. Sin embargo, siempre se aborda de manera individual, y en el mejor de los casos, con ayuda familiar.

Desde que estalló, por tanto, la crisis financiera de 2008, los inversores financieros han invertido masivamente en paquetes de miles de propiedades, convirtiéndose en los nuevos caseros globales. Invierten con la expectativa de que el precio de la vivienda aumentará en el futuro y que podrán venderlas incrementando la rentabilidad de la inversión inicial. Sin embargo, para que suba el precio de sus activos, también es necesario que aumenten el precio de los alquileres que cobran y expriman todo lo posible a los inquilinos, ya que de esta manera su propiedad valdrá más.

Así es como la vivienda en alquiler se ha convertido en la nueva frontera de la financiarización, en uno de los motores de las economías capitalistas, en el eje central del empobrecimiento y la desigualdad, y en un frente estratégico de conflicto y transformación social.

Estas transformaciones han dado lugar a lo que se conoce como «capitalismo rentista». Este concepto describe un sistema económico donde el control de activos generadores de rentas se convierte en el eje central de la organización y estabilidad de la economía. A diferencia de la economía tradicional, en la que la mercancía es la forma dominante, en el capitalismo rentista el protagonismo recae en los activos. En este modelo, el objetivo principal no es crear valor a través de bienes o servicios destinados al consumo, sino poseer y gestionar activos que generen ingresos recurrentes. Así, los beneficios provienen más de la extracción que de la creación de valor, convirtiendo la revalorización de activos y la acumulación de rentas en características clave del capitalismo actual.

Este sistema se sostiene gracias a la capacidad de ciertos actores económicos, denominados rentistas, para obtener ingresos mediante la explotación de activos que otros necesitan para acceder a recursos esenciales. Entre estos activos, las viviendas ocupan un lugar central, pues son uno de los medios más fundamentales y accesibles para generar rentas. Fenómenos como el aumento sostenido de los precios de las viviendas, el crecimiento de la población que vive en alquiler, la escalada de los precios del arrendamiento y la concentración de propiedades en manos de unos pocos han convertido al mercado inmobiliario en un pilar esencial del capitalismo rentista contemporáneo.

# 4
## Gentrificación y turistificación

La gentrificación es el proceso de expulsión de gentes, prácticas y saberes de un territorio concreto a través de la reinversión de capital público y/o privado y la incorporación de una población con mayor capital económico o cultural. Tiene lugar en áreas urbanas populares cuya renovación está íntimamente relacionada con la especulación inmobiliaria, el desplazamiento de la población más humilde y la conversión de estas en zonas de moda frecuentadas por personas con un alto capital económico y/o cultural.

Este proceso tiene su auge a finales del siglo XX, cuando se articula en torno a fenómenos como las ciudades globales, la globalización, el neoliberalismo, el posfordismo, la exclusión social y la polarización, la privatización, los espacios públicos y los derechos de ciudadanía o las políticas de vivienda; en definitiva, del cambio urbano.

Inicialmente, este proceso suele afectar a barrios obreros en declive: cuando los barrios sufren desinversión, baja la renta del suelo que puede extraerse en esa zona, y por ende descienden los precios de compra y de alquiler de inmuebles. A medida que continúa la desinversión, el abismo que separa la renta actual del suelo en una determinada zona de la renta del suelo que podría obtenerse en caso de remodelación crece hasta el punto de que la reinversión comienza a ser rentable. Todo esto no ocurre por azar, sino por culpa de la acción de agentes interesados en obtener beneficios con este proceso: gobiernos, promotores inmobiliarios, entidades financieras.

El desplazamiento de población es el principal efecto negativo de la gentrificación. Este se puede definir como la limitación de las opciones de diferentes sectores sociales para seguir residiendo en su barrio, debido a la entrada de otros grupos sociales de mayor poder adquisitivo. Los efectos directos de las intervenciones públicas, privadas o mixtas, que revalorizan un determinado lugar desplazan a muchas de sus vecinas. El factor más claro de este desplazamiento es la presión de los precios de la vivienda, que imposibilita los pagos de unos alquileres disparados.

## Turistificación

La turistificación se refiere al proceso mediante el cual áreas urbanas y barrios residenciales se transforman en espacios dedicados a atender las necesidades y deseos de los turistas, en lugar de los de la población local. Este fenómeno ha cobrado especial relevancia en muchos puntos de la geografía española: centros urbanos de grandes ciudades, costa mediterránea, archipiélagos balear y canario, entre muchos otros.

Desde la crisis del 2008, el turismo urbano ha sido una estrategia fundamental para la acumulación de capital, convirtiéndose más que nunca en un elemento central de la transformación espacial, económica, social y cultural de los territorios de todo el mundo. La reciente turistificación del centro histórico de muchas ciudades está provocando fuertes impactos sociales, espaciales y económicos, generando tensiones en la convivencia dentro de la comunidad: la presión sobre los mercados inmobiliarios locales, el creciente desplazamiento de ciertas capas de población y su efecto rebote en barrios periféricos, la promoción de nuevas formas de ocio mercantilizado y de construcción de la ciudad 24 horas, la desaparición de un comercio de proximidad reemplazado por negocios orientados al turismo, la saturación del espacio público o el exponencial crecimiento de perfiles laborales supeditados a una economía turística voraz, capaz de precarizar laboralmente hasta la última parcela de dignidad profesional, cronificando un sector del mercado laboral que está a la cola en salarios y derechos.

La turistificación es el resultado de la transformación completa del espacio urbano en un espacio turístico. Se trata de un proceso diverso de cambio urbano promovido por agentes locales y transnacionales y estrechamente relacionado con la capacidad de atraer visitantes, aumentar inversiones y obtener beneficios. La «turistificación» se puede entender como la transformación del turismo de una «práctica cultural» en una estrategia de política urbana, con el objetivo de crear una nueva ciudad con el fin de atraer a los turistas y aumentar los beneficios, sin importar que la población local se vea expulsada en el proceso.

Igual que sucedía con la gentrificación, aquí también hay muchas fuerzas sociales que influyen en el proceso: las empresas estratégicas del sector, los mercados locales y transnacionales, los gestores territoriales, las políticas públicas (por acción u omisión) y las prácticas y tendencias del turista. Algunas medidas, como los cambios en la legislación de los alquileres, han permitido la irrupción de la economía de plataformas, un modelo en el que los grandes intermediarios que operan en el espacio virtual, como Airbnb, son los principales beneficiados, llegando a ejercer un fuerte control sobre las relaciones económicas y sobre el mercado de la vivienda, que acaba siendo prisionero de estas lógicas de acumulación desbocada.

## Pisos turísticos

El crecimiento del turismo urbano ha hecho que durante la última década miles de viviendas hayan sido transformadas en pisos turísticos. La razón está clara: una vivienda genera mayores rentas inmobiliarias alquilándose a turistas que alquilándose como vivienda residencial a las personas que habitamos la ciudad. Esto está haciendo que muchos caseros dejen de renovar los contratos de alquiler a sus inquilinas para convertir la vivienda en un piso turístico. También ha hecho que muchos rentistas inviertan en viviendas residenciales para transformarlas en pisos turísticos. El resultado es la reducción de la oferta de vivienda residencial y la subida del precio del alquiler. Por tanto, aquellas zonas de la ciudad donde crecen los pisos turísticos son lugares donde las vecinas nos vemos expulsadas masivamente de nuestras viviendas y nuestros barrios.

Según datos de InsideAirbnb, en 2024 se alquilaban a través de Airbnb 17.000 pisos turísticos en Madrid, 11.000 en Barcelona, 15.300 en Mallorca, 6.500 en Sevilla y 6.100 en Valencia. Además, se trata de un mercado controlado por empresas y profesionales. En Mallorca, Homerti alquila 821 pisos turísticos; en Barcelona, Ukio alquila 358; y en Madrid, MIT House alquila 300 pisos turísticos.

Las administraciones públicas, por su parte, han mostrado una gran permisividad y tolerancia al aumento exponencial de los pisos turísticos. Pese a que algunos ayuntamientos, como los de Madrid y Barcelona, hayan anunciado propuestas de normativas para limitar la concesión de nuevas licencias para alquileres turísticos, la realidad es que la inmensa mayoría de pisos ya existentes operan sin licencia desde hace años y los gobiernos, lejos de cerrarlos, les dejan actuar con total impunidad.

Desde el Sindicato de Inquilinas hemos lanzado múltiples campañas contra los pisos turísticos. Hemos denunciado que se han convertido en un medio central de especulación y de expulsión de las personas de sus viviendas y barrios, que da más poder a los caseros y debilita los derechos de las inquilinas. Actualmente prohibir los pisos turísticos para que todas las viviendas vuelvan al mercado residencial es la forma más eficaz y rápida para ampliar la oferta de vivienda en alquiler.

## RESUMEN DE LA SECCIÓN

**1. La función de la vivienda en nuestras sociedades.** La vivienda tiene un doble papel: es un hogar, un lugar para vivir (función social), y a la vez, un activo financiero que genera beneficios (función económica). Sin embargo, cuando el interés económico supera el derecho a un hogar, el acceso a la vivienda se vuelve cada vez más difícil, generando un conflicto social que enfrenta a dos clases con intereses opuestos: las inquilinas, que necesitan hogares para vivir, y los caseros, que quieren utilizarlos para especular.

**2. ¿Por qué pagamos alquiler?** Al pagar alquiler, quienes no tienen vivienda propia transfieren una parte importante de sus ingresos a quienes tienen casas de sobra. Esta dinámica no es solo económica, sino una relación de poder entre quienes necesitan un lugar donde vivir y quienes pueden hacer negocio con ello, creando un sistema de desigualdad y dependencia.

**3. La financiarización de la vivienda.** A lo largo de los años, la vivienda ha dejado de ser solo un hogar y se ha convertido en un producto de inversión. Esta transformación, apoyada por bancos y fondos de inversión, ha hecho que los precios suban y que muchas familias dependan de créditos y préstamos, alejando cada vez más la vivienda de su función como derecho básico.

**4. Gentrificación y turistificación.** La gentrificación y la turistificación son procesos que ocurren cuando el capital y el turismo transforman barrios tradicionales en zonas de lujo o de alojamiento turístico. Esto hace que los precios suban y que las personas de toda la vida no puedan quedarse en sus barrios, ya que el espacio urbano se reorganiza en función de quienes tienen más poder adquisitivo o son turistas.

# II. ACTORES PRINCIPALES

En los siguientes capítulos hacemos un repaso de los diferentes actores que actualmente tienen un papel relevante en materia de vivienda, con el fin de entender quiénes son, qué características tienen y cuáles son sus objetivos.

Como hemos dicho en capítulos anteriores, la vivienda es hoy el centro de un conflicto entre inquilinas y caseros (o rentistas). En esta sección incidiremos sobre las profundas desigualdades económicas existentes entre caseros e inquilinas, y cómo el alquiler funciona como un elemento que aumenta todavía más esas desigualdades.

Además de inquilinas y caseros, hay otros actores que juegan un rol crucial, como los intermediarios, que contribuyen a elevar las rentas de alquiler; la patronal inmobiliaria, que agrupa a las empresas con intereses de especulación y lucro; los medios de comunicación, que amplifican y legitiman los discursos rentistas; y el Estado que, como institución capaz de tomar decisiones políticas, es un territorio en disputa en el que cada actor intenta hacer valer sus intereses. Al final de esta sección, después de haber explicado las amenazas que cada uno de estos actores representa para nosotras como inquilinas, presentamos los Sindicatos de Inquilinas como organizaciones de base que buscan plantar cara y desafiar este sistema injusto. Esta introducción nos servirá de antesala para desarrollar nuestras estrategias y herramientas de lucha como inquilinas, de las que hablaremos en la siguiente sección.

# 5
## Los fondos de inversión

La naturaleza de los fondos de inversión es extractiva y oportunista. Su modelo de negocio tiene que ver más con la explotación de una mina, que se abandona cuando se agota el mineral, que con un comercio de barrio, cuya vinculación con el territorio se remonta varias generaciones atrás. En este sentido, los fondos de inversión, más conocidos como *fondos buitre*, no tienen la intención de convertirse en inmobiliarias a largo plazo, sino que pretenden obtener el mayor beneficio en el menor plazo posible.

Los fondos de inversión adoptan diferentes formas jurídicas. Por ejemplo, Cerberus y Lone Star son sociedades limitadas, pero Blackstone, KKR y BlackRock son sociedades anónimas cotizadas en bolsa. Salir a bolsa permite que las empresas recaben mayor capital de inversores tanto profesionales como individuales, además de diferentes ventajas fiscales. Sin embargo, ser una sociedad cotizada en bolsa conlleva cumplir con unas obligaciones de transparencia hacia los inversores.

¿De dónde sale la financiación de estos fondos de inversión oportunistas y cómo la gestionan? Hay varios pasos que debemos considerar en este proceso:

- Creación del fondo de inversión. Los fondos de inversión obtienen dinero de otros inversores y lo utilizan para formar un fondo. Ofrecen una rentabilidad a los inversores y suelen acordar un plazo de devolución de cinco años. Generalmente, los inversores son fondos de pensiones, que en Estados Unidos están privatizados y, por tanto, tienen mucho dinero y gran capacidad operativa. También participan fondos soberanos de países que exportan petróleo, así como personas con alto patrimonio.

- Gestión del fondo. Una vez que han conseguido el capital, los financieros cierran el fondo. A partir de este momento, se convierten en sus gestores y pueden invertir el dinero obtenido donde estimen conveniente. Los fondos suelen estar domiciliados en paraísos fiscales como las Islas Caimán. Por este motivo, el inversor que ha aportado el dinero inicial no puede acceder a la información sobre el funcionamiento del fondo de inversión. Aunque el domicilio del fondo está en paraísos fiscales, su gestión se lleva a cabo desde ciudades globales como Nueva York o Londres, sedes principales de la industria financiera.

- Los gestores del fondo invierten el capital acumulado en sectores donde han visto que hay posibilidades de obtener grandes beneficios a corto plazo (5 años). Una vez transcurrido este plazo, los gestores (es decir, Cerberus, Blackstone o KKR) deben liquidar el fondo. Para ello, los gestores del fondo devuelven a los inversores la cantidad que aportaron en el fondo sumándole la rentabilidad pactada, que suele ser moderada. Del mismo modo, los gestores del fondo deben devolver a los bancos el dinero que prestaron al fondo con unos intereses moderados. En el sector de la vivienda el préstamo del banco suele alcanzar el 80 % del valor de la operación. En última instancia, quién obtiene los mayores beneficios es el gestor del fondo, como ha sucedido con las inversiones de los grandes fondos oportunistas en viviendas por toda Europa, aprovechándose del bajo precio de la vivienda tras la crisis de 2008.

## Los fondos buitre en España

Desde el franquismo, el Estado español diseñó un sistema de vivienda para el provecho de la banca, que hacía una buena parte de su negocio mediante la concesión de hipotecas. Sin embargo, en la última década hemos pasado de un modelo de vivienda basado en el endeudamiento a un sistema donde el lucro inmobiliario es compartido entre la banca y los fondos de inversión. A partir de 2008, varias instituciones internacionales empezaron a alertar a la banca del peligro de la concesión masiva de hipotecas sin garantía. El motivo es que se creaban burbujas que ponían en riesgo al propio sistema financiero. En el año 2010, la entidad reguladora de la banca, el Banco de Pagos Internacionales de Basilea, fijó una entrada mínima del 20 % del valor del piso más impuestos para quienes quisieran contratar una hipoteca. Por ejemplo, para una compra de 200.000 euros, se debe tener ahorrados más de 60.000 euros: 40.000 de entrada (el 20 %) y 20.000 en impuestos, que suelen rondar el 10 % del valor del piso. Mucha gente carece de esos ahorros y queda fuera del acceso a la propiedad, que ha sido la base del sistema de vivienda en España. Este nuevo sistema ha dejado a una gran parte de la población (la población inquilina) expuesta al afán de lucro de los caseros.

Al mismo tiempo, el sistema financiero español tenía muchísimas viviendas que debía vender antes de 2020 con el fin de cumplir con los criterios de solvencia dictaminados por estas instituciones internacionales (los acuerdos de Basilea III). Las entidades tuvieron que vender miles de pisos rápidamente. En solo seis operaciones, Caixabank, Santander y BBVA vendieron más de 400.000 viviendas que habían sido sufragadas con dinero público a través del rescate financiero. Para comprarlos, aparecieron los únicos que tienen suficiente capacidad financiera, que son los fondos buitre de Estados Unidos, como Blackstone, Cerberus o Lone Star. Estos obtienen su beneficio comprando muy barato y vendiendo poco tiempo después por un precio mucho más alto.

El gobierno de España podría haber dado un uso público a los enormes bienes inmobiliarios de las entidades financieras que había rescatado. Estamos hablando de una cifra de al menos un millón de viviendas, incluyendo el patrimonio de Sareb, lo que supone en torno al 5 % de las primeras residencias que hay en España. Con ello habría logrado crear un parque público de vivienda que se iría asemejando al de los países de nuestro entorno para proteger el derecho a la vivienda. Sin embargo, esa no era la intención, ya que se buscó impulsar un nuevo ciclo inmobiliario y de especulación.

## Las SOCIMIs

Las Sociedades Anónimas Cotizadas de Inversión en el Mercado Inmobiliario (SOCIMIs) son vehículos financieros que se crearon en 2009 y que tienen su origen en la fórmula estadounidense conocida como Real Estate Investment Trust (REITs). Los REITs se crearon en los años sesenta con el fin de comprar inmuebles de forma indirecta, es decir, a través de acciones emitidas por estos vehículos.

En España, las SOCIMIs ganaron fama en el sector inmobiliario a partir de 2012, cuando se modificó su marco tributario. La principal novedad de la reforma fue exonerar a estos vehículos del Impuesto sobre Sociedades. Mientras que el tipo de gravamen general del Impuesto sobre Sociedades era del 25 %, para las SOCIMIs pasó a ser un 0 % con la reforma de 2012. El objetivo de esta reforma estaba en aumentar los beneficios y la rentabilidad a la hora de invertir en vivienda en alquiler.

En un contexto de crisis inmobiliaria como la de 2008 y de escasez de vivienda de alquiler, el ventajoso tratamiento fiscal de las SOCIMIs se presentó como una medida dirigida a proporcionar liquidez al sector, atraer a fondos de inversión internacionales y fomentar la vivienda de alquiler. Su principal objeto social quedaba claramente estipulado: adquirir y promover bienes inmuebles dirigidos al alquiler. Sobre esta base, se argumentó que los inmuebles debían permanecer arrendados durante al menos 3 años. Esto quiere decir que las SOCIMIs podían dejar de arrendar sus inmuebles y venderlos transcurrido este plazo.

Las SOCIMIs, por tanto, se crearon con el fin de atraer capital internacional para impulsar el alquiler a cambio de unos beneficios fiscales muy generosos. El resultado es ya bien conocido: las SOCIMIs se han convertido en empresas utilizadas por fondos de inversión, no tanto por su interés en promover la vivienda en alquiler, sino para especular aprovechando estas ventajas fiscales. Así ha sucedido, por ejemplo, con Testa y Fidere, SOCIMIs del fondo buitre Blackstone, que desde su creación acumulan cifras millonarias en beneficios.

# 6
## La Sociedad de Gestión de Activos Procedentes de la Reestructuración Bancaria (SAREB)

La SAREB es un claro ejemplo de cómo el gobierno prioriza la vivienda como activo financiero, regulando el mercado para promover la financiarización de este bien. También conocida como «banco malo», la SAREB fue creada por el gobierno español para salvar a los bancos y cajas de ahorro que necesitaban un rescate financiero tras el estallido de la crisis de 2008. Se dedicó a comprar aquellas viviendas, suelos y promociones que, tras el estallido de la burbuja, tenían un valor económico real muy inferior al valor por el cual estos bancos las habían adquirido. Así, la SAREB aportó a los bancos comerciales el dinero necesario —procedente de fondos públicos— para evitar que cayeran en quiebra y así asegurar su viabilidad financiera.

Como se ha dicho, las viviendas y el suelo de SAREB deberían haber constituido la base de un parque público de alquiler. Sin embargo, las diferentes administraciones decidieron vender ese patrimonio para el provecho de bancos y fondos buitre. Así, el gobierno constituyó SAREB como si el patrimonio público de vivienda fuera un cortijo para el enriquecimiento de políticos y entidades financieras.

El ministro Luis de Guindos creó un trampantojo legal para evitar que SAREB fuese una entidad pública desde el punto de vista legal. Así, la SAREB no es más que una gran inmobiliaria del Estado que se ha ido privatizando de manera encubierta.

Con el propósito de tranquilizar a la ciudadanía, el ministro de Economía del Partido Popular manifestó en el año 2012 que «SAREB no costaría ni un euro». Siete años después, la Comisión Europea exigió que los 35.000 millones de deuda de SAREB fueran asumidos por el Estado. Y este tuvo que adquirir la mayoría de su capital porque había avalado la deuda de SAREB ante la Unión Europea.

Respecto a las propiedades de SAREB, la sociedad manifestó que había adquirido 500.000 activos que provenían de las cajas de ahorro y de los bancos que habían quebrado. Esta cifra incluye gran número de viviendas que eran garantías de préstamos. Concretamente, los bienes de SAREB estaban formados por 100.000 inmuebles, otros 400.000 en garantía y unos 70.000 préstamos. Sobre SAREB se dice a menudo que solamente tenía lo que el mercado no quería, pero esto es falso: los bienes que pasaron a SAREB eran de todo tipo, desde viviendas de lujo en el centro de las ciudades hasta obras sin terminar en zonas turísticas. Con los solares sucedía lo mismo. Algunos tenían una ubicación urbana excelente y han constituido la base de los actuales desarrollos inmobiliarios, aunque también acumuló terrenos no urbanos.

En 2024, SAREB declaró que disponía de bienes inmobiliarios por valor de más de 15.000 millones de euros. A estos bienes hay que añadir los créditos de los promotores inmobiliarios que suponen otros 10.000 millones. Recordamos que estos créditos estaban garantizados con viviendas y suelo. Todavía hoy SAREB sigue incorporando nuevas viviendas a su patrimonio porque la ejecución de muchos de estos créditos está todavía en fase judicial. Así, por ejemplo, solamente en los primeros seis meses de 2021 la compañía incorporó 13.897 inmuebles a su patrimonio.

Los cambios de gobierno a partir de 2018 no han altera-
do el modelo diseñado por Luis de Guindos, pese a los
costes económicos y sociales de SAREB. Este modelo consistía en la venta de sus bienes a través de intermediarios
financieros como Cerberus y de las inmobiliarias de los
principales bancos españoles. En 2022 SAREB comenzó a
deshacerse de sus bienes a través de las gestoras de Blackstone y de KKR, que cobran unas comisiones millonarias
por este trabajo.

# 7
## Estructura rentista y tipos de caseros

La realidad de las personas con problemas de alquiler es que se enfrentan a diferentes tipos de caseros. Actualmente, la mayoría de los caseros se pueden clasificar en tres grupos:

- Entidades jurídicas: fondos buitre, bancos, inmobiliarias, la Iglesia y otras empresas.

- Personas físicas: individuos que ponen viviendas en alquiler pero no son ni empresas ni corporaciones. Pueden ser «multiarrendadores» si tienen múltiples propiedades alquiladas. Dentro de este grupo, podemos diferenciar a los «pequeños multiarrendadores» (dos viviendas en alquiler) y a los «grandes multiarrendadores» (más de dos viviendas).

- Administraciones públicas: viviendas propiedad de las distintas administraciones del Estado.

La estructura del mercado de alquiler es dual en lo que a los caseros se refiere. Por un lado, predominan los caseros con una única vivienda en alquiler. Por otro, hay un grupo menos numeroso de caseros, pero que son multipropietarios y acumulan un gran número de viviendas. Pero sobre todo, hay una ausencia de datos públicos sobre la estructura de la propiedad inmobiliaria.

Entre los mayores caseros del país se encuentran instituciones financieras como Blackstone (a través de sus SOCIMIs Testa Homes y Fidere), Azora (a través de Nestar o Brisa), Ares, Vivenio, Lone Star y Goldman Sachs, Kronos Homes, Grupo Lar, AXA Investment Managers, Cerberus o Caixabank, entre otros. Los mayores «megatenedores» del país son Blackstone y Caixabank, con decenas de miles de viviendas alquiladas cada uno. Las seis adquisiciones inmobiliarias más grandes en España durante la última década fueron realizadas por Blackstone, Lone Star y Cerberus, acumulando más de 400.000 viviendas. Según datos del Catastro, en Madrid hay 26.573 titulares con más de 10 inmuebles en propiedad, y en Barcelona otros 25.640, aunque se desconoce el tipo y estado de los inmuebles.

El Observatori Metropolità de l'Habitatge de Barcelona, del Ayuntamiento de Barcelona, es el único órgano que ha publicado datos sobre la estructura de propiedad, pero solo incluye información de Barcelona y Catalunya. Según el informe publicado en 2022, se observa lo siguiente (véase también tabla 1):

a) Los caseros con una vivienda en alquiler representan el 38,7 % del mercado total de viviendas, aunque suponen el 79 % de los caseros.

b) Los caseros multiarrendadores que tienen dos o más viviendas en alquiler controlan una cuota del mercado de alquiler del 60,3 %, aunque solo representen al 21 % de los caseros (de hecho, hay un pequeño grupo de caseros que tienen más de 15 viviendas arrendadas, que controlan un 24,1 % del mercado, aunque solo representen al 1,2 % de los caseros).

La tendencia muestra que los caseros con menos viviendas alquiladas son más numerosos y cada uno controla una parte muy pequeña del mercado. A la inversa, cuanto mayor es el número de viviendas que un casero tiene alquiladas, menor es su peso en relación al resto de los caseros, pero mayor es la parte del mercado que controla. Aunque la mayoría de los caseros tienen solo una vivienda alquilada, estas no representan ni la mitad del parque de alquiler, ya que la mayor parte de las viviendas en alquiler pertenece a caseros con dos o más viviendas.

Tabla 7. 1. Relación entre caseros y viviendas alquiladas en Barcelona

| Tipo de casero | | Viviendas | | Propietarios | | Ratio de viviendas por propietarios |
|---|---|---|---|---|---|---|
| Caseros con una vivienda en alquiler | | 78.383 | 38,7 % | 78.383 | 79 % | 1 |
| Caseros con múltiples viviendas en alquiler | | 121.979 | 60,3 % | 20.881 | 21 % | 5.8 |
| | 2 viviendas | 20.070 | 9,9 % | 10.035 | 10.1 % | 2 |
| | De 3 a 5 viviendas | 22.668 | 11,2 % | 6.224 | 6.3 % | 3.6 |
| | De 6 a 10 viviendas | 19.419 | 9,6 % | 2.578 | 2.6 % | 7.5 |
| | De 11 a 15 | 10.982 | 5,4 % | 869 | 0.9 % | 12.6 |
| | Más de 15 | 48.840 | 24,1 % | 1.175 | 1.2 % | 41.6 |
| Sin datos | | 2.031 | 1 % | - | - | |

Fuente: elaboración propia con datos del OMHB (2022).

Poner el foco en una u otra cifra tiene fuertes implicaciones, ya que puede distorsionar nuestra visión de la estructura del mercado. Es correcto afirmar que «el 79 % de los caseros tienen únicamente una vivienda alquilada», pero es incorrecto usar esta cifra para referirse al funcionamiento del mercado y, menos aún, para establecer relaciones causales como: «No se puede regular el mercado de alquiler, ya que el 79 % del mercado son caseros particulares, pequeños propietarios». Esta afirmación no es correcta, ya que lo correcto sería relacionar «la regulación del mercado» con el «38,7 % de viviendas alquiladas que controlan los caseros con una vivienda alquilada». Este cambio es significativo porque se pasa de un valor del 79 % a uno del 38,7 %, menos de la mitad. No hacerlo así presenta una imagen distorsionada del grado de concentración de la propiedad en el mercado del alquiler.

Por otra parte, también son frecuentes los discursos que afirman que los caseros que acumulan una gran cantidad de viviendas no tienen responsabilidad sobre la evolución del mercado ni de los precios, ya que representan una porción insignificante del mercado. Estas afirmaciones también distorsionan los análisis sobre el mercado de alquiler, restando importancia a los caseros que más acumulan viviendas en alquiler. Los datos del informe del OMHB muestran que los caseros con más de 15 viviendas en alquiler solo representan el 1,2 % de los caseros, pero controlan el 24,1 % de las viviendas. Esta minoría de caseros, que de media acumulan 41,6 viviendas arrendadas cada uno, tienen mucho poder ya que controlan casi una cuarta parte del mercado. Además, al ser un grupo pequeño pero especializado en el negocio, suelen estar agrupados en patronales inmobiliarias, lo que les permite funcionar como grupo de presión o *lobby* a la hora de influir sobre los gobiernos y trazar estrategias que son replicadas por los caseros de menor tamaño, no organizados. Además, intermediarios como las agencias inmobiliarias y las plataformas digitales de alquiler también actúan como espacios de agregación de los intereses colectivos de los caseros y son agentes proactivos en las dinámicas de subida de precios, ya que esto les permite maximizar sus comisiones. El resultado es que el funcionamiento real del sector del alquiler en España dista mucho de la imagen de un mercado atomizado y competitivo de pequeños propietarios que en muchas ocasiones intentan proyectar los medios de comunicación.

## Los caseros: la población de mayor renta del país

Todas las fuentes de datos reflejan que los hogares de caseros forman parte del grupo social con los niveles de ingresos más elevados del país, superando ampliamente tanto a las inquilinas como a aquellos hogares con vivienda en propiedad.

Los hogares de personas que ponen viviendas en alquiler disfrutan de una renta mediana bruta anual de entre 50.604 y 56.473 euros según las fuentes. En contraste, la renta mediana bruta de los hogares de inquilinas se sitúa entre 19.758 y 26.288 euros. En un estrato intermedio se sitúan los hogares que habitan en viviendas de su propiedad, con una renta mediana bruta que oscila entre 30.000 y 36.413 euros. Estas cifras ponen de manifiesto una notable brecha económica entre los distintos segmentos poblacionales de acuerdo tanto a su régimen de tenencia de la vivienda como a su posición en la transferencia de rentas residenciales.

Tabla 7. 2. Renta bruta anual (mediana) de los hogares

| Tipo de Hogar | Agencia Tributaria | Encuesta de Condiciones de Vida | Encuesta Financiera de las Familias |
|---|---|---|---|
| Caseros | 51.007 € | 56.473 € | 50.604 € |
| Inquilinas | 19.758 € | 26.288 € | 20.624 € |
| Vivienda en propiedad | 34.954 € | 36.413 € | 30.000 € |
| Todos los hogares | 31.829 € | 35.052 € | 28.800 € |

Fuente: AEAT 2021, ECV 2023 y EFF 2020.

## Distribución de la desigualdad de renta entre caseros e inquilinas

Todas las fuentes coinciden en que existe una marcada desigualdad de ingresos en función de la posición que se ocupe en el sistema de vivienda y en la estructura socioeconómica. Los caseros se agrupan mayoritariamente en los segmentos de ingresos más elevados, en contraste con las inquilinas, que predominan en los niveles de renta más bajos, situándose por debajo del promedio general de los hogares.

Dado que también existe cierta diversidad dentro de cada grupo social, en este apartado analizamos los datos con más precisión. Si dividimos el número total de hogares en cuatro partes de igual tamaño (o cuartiles) según su renta, veremos que el 73 % de los hogares de caseros se ubica en los dos cuartiles de renta más elevados. En contraste, solo el 25 % de los hogares inquilinos se encuentra en los dos segmentos de renta más altos. En particular, dentro del rango de hogares de mayor renta, aquellos que ingresan más de 53.000 euros al año incluyen al 47,57 % de los hogares de caseros, en comparación con solo el 7,86 % de los hogares de inquilinas.

Por otro lado, los segmentos de ingresos más bajos incluyen al 75 % de los hogares inquilinos, en comparación con el 27 % de los hogares de caseros. En el caso específico del tramo de renta más bajo, que incluye a los hogares que ingresan menos de 18.000 euros anuales, se encuentra el 45 % de los hogares de inquilinas, frente a un mero 10 % de los hogares de caseros.

En el siguiente gráfico (gráfico 7.1) puede verse que la distribución por renta de los hogares de inquilinas y de caseros sigue una progresión prácticamente simétrica, pero inversa: a mayor nivel de renta, menor proporción de hogares de inquilinas y mayor proporción de hogares de caseros, mientras que a menor renta, ocurre lo contrario. El alquiler, por tanto, funciona como una transferencia regresiva de renta; es decir, como un dinero que los grupos más empobrecidos dan a aquellos grupos que, aun antes de recibirlo, ya son quienes más riqueza acumulan.

**Gráfico 7.1. Distribución de hogares de caseros e inquilinas según nivel de renta**

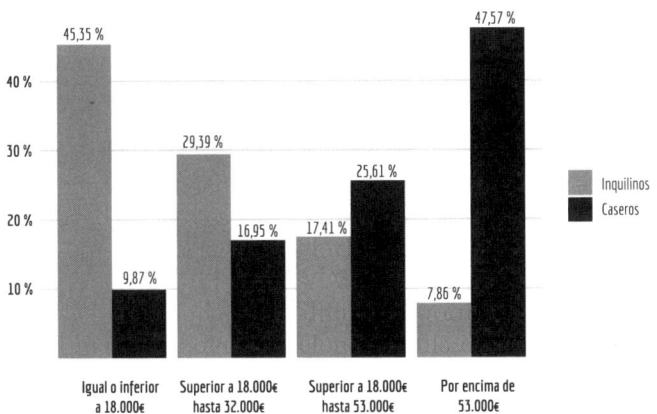

Fuente: Agencia Estatal de Administración Tributaria.

## *¿Y si eliminamos los ingresos provenientes del alquiler?*

Los hogares de caseros son el grupo de mayor renta del país, con y sin ingresos de alquiler. Durante la última década, el incremento en los precios de los alquileres ha contribuido significativamente al aumento de sus ingresos. No obstante, incluso si los ingresos derivados del alquiler se redujeran significativamente o desaparecieran, los caseros continuarían siendo el grupo con mayores ingresos de todo el país.

Las evidencias indican que, en caso de cesar la percepción de ingresos por alquiler, los ingresos de los caseros seguirían superando en aproximadamente 20.000 euros anuales a los ingresos de los hogares inquilinos. Esto no

solo subraya una marcada desigualdad entre caseros e inquilinas, sino también el papel del alquiler como un potente mecanismo que aumenta y reproduce las desigualdades socioeconómicas.

**Gráfico 7. 2. Renta bruta en el hogar según tipo de propiedad y rentas por alquiler**

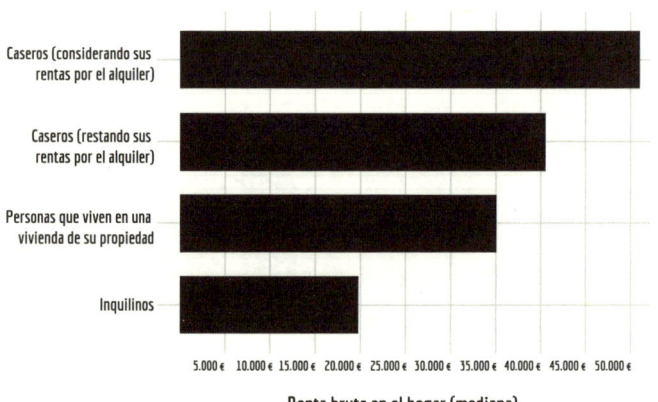

Renta bruta en el hogar (mediana)

Fuente: Agencia Estatal de Administración Tributaria.

# 8
## Intermediarios inmobiliarios

En el sistema actual, las decisiones estratégicas sobre cómo usar ciertos recursos no solo dependen de quién es el dueño legal, sino también de quién tiene el control efectivo de esos recursos. Aunque esto no es un fenómeno nuevo, lo que sí es novedoso es la capacidad de los intermediarios para coordinar y organizar actividades económicas de maneras no vistas antes. De esta manera, la intermediación se vuelve más eficiente a medida que se profesionaliza, formando todo un sector económico dedicado a la gestión de propiedades con el fin de rentabilizarlas para los propietarios a cambio de llevarse parte de los beneficios. Las agencias inmobiliarias son el tipo más abundante de intermediario y al que con mayor frecuencia nos tenemos que enfrentar las inquilinas, pero también podemos encontrar otros tipos: gestorías, administradores de fincas, o incluso las SOCIMIs podrían entrar dentro de esta categoría.

Tras el estallido de la burbuja inmobiliaria asociada a las hipotecas, un gran número de intermediarios se ha mudado del mercado de compraventa al mercado de alquiler. Con el fin de garantizar la viabilidad económica de este sector, los intermediarios han actuado en un doble sentido:

1.  Tratando la renta del alquiler como un activo financiero. Esto implica trasladar las rentas del suelo generadas durante el *boom* inmobiliario al mercado del alquiler y aumentar así las expectativas de valorización y beneficio asociadas al precio del alquiler. Es decir, potenciar y estimular la subida del precio de los alquileres. Desde los grandes tenedores de propiedades, que actúan como vehículos del capital internacional, hasta los pequeños y medianos rentistas cuyas propiedades gestionan y promocionan, los intermediarios han sido actores clave en la replicación y extensión de los aumentos del precio del alquiler en todo el territorio, independientemente del tipo de propietario. Un estudio de 2024 de IDRA lo confirma:[1] las inquilinas que tratan con inmobiliarias son las que más sufren subidas de precio del alquiler.

2.  Protegiendo la propiedad frente a la creciente conflictividad social. Para abordar la creciente conflictividad social derivada del aumento de los alquileres, se han desarrollado dos estrategias principales. La primera ha sido el desarrollo de mecanismos judiciales y contractuales, así se han refinado y fortalecido los mecanismos legales y contractuales para garantizar el pago de alquileres cada vez más altos y restringir los derechos de las inquilinas en sus reclamaciones o protestas. La segunda ha consistido en la representación de la propiedad ausente en el conflicto social, esto es, actuar en nombre de los propietarios ausentes en los conflictos sociales y oponerse al desarrollo de una legislación mínima social o reguladora en el mercado de alquiler privado.

---

[1] Institut de Recerca Urbana de Barcelona (IDRA), *Impacto de las inmobiliarias en el mercado de alquiler. Estudio a partir de la encuesta realizada en Madrid y Barcelona*, Barcelona, 2024, disponible en https://idrabcn.com/es/

## Tipos de intermediarios

En el año 2000, el Estado desreguló la actividad de los intermediarios inmobiliarios, eliminando requisitos como estudios universitarios, oposiciones, colegiación y seguros. Actualmente podemos así dividir a los intermediarios en las siguientes categorías:

- Los «agentes de la propiedad inmobiliaria» (API): son los profesionales inmobiliarios que están colegiados en España en el Colegio de Agentes de la Propiedad Inmobiliaria y, por tanto, se les aplica la normativa reguladora de la profesión (art. 1 Decreto 3248/1969 y RD 1294/2007). De hecho, así se contempla en el art. 2.1 6 del RD 1294/20077.

- Los «agentes inmobiliarios»: profesionales que no están colegiados, pero puede afectarles la regulación autonómica (en aquellas comunidades autónomas que han adoptado una regulación específica). Tanto estos como los anteriores intermediarios se encargan fundamental y típicamente de la intermediación, gestión y negociación en el proceso de transacción inmobiliaria (permitir que se encuentren «oferta y demanda»). Podemos referirnos de forma conjunta a ambos como «intermediarios inmobiliarios».

- Administradores de fincas (AF): estos profesionales son más habituales en la gestión de las comunidades de propietarios que en el mercado de alquiler, sin embargo a menudo los encontramos en nuestra vida como inquilinas. Se encargan fundamental y típicamente de la intermediación, gestión y negociación de los asuntos cotidianos durante la vigencia del contrato de alquiler.

- Plataformas comercializadoras: aunque guardan la apariencia de espacios neutros donde arrendadores e inquilinas se encuentran y realizan sus transacciones, en realidad utilizan su enorme poder mediático para beneficiar a los grandes intereses de la patronal inmobiliaria. Portales como Idealista o Fotocasa tienen un papel muy importante en la difusión de datos sesgados sobre el mercado inmobiliario que en algunos territorios llegan a orientar las políticas públicas ante la ausencia de datos oficiales.

El sector de los intermediarios en el mercado del alquiler es complejo debido a la diversidad de agentes que existen y de las funciones que realizan. Actualmente, está escasamente regulado a la hora de proteger los derechos de las inquilinas y se enfoca principalmente en representar los intereses de los propietarios, siguiendo una lógica de mercantilización del acceso al alquiler privado.

Los estudios existentes sobre el tema lo confirman: la profesionalización del mercado del alquiler ha ido de la mano de un empeoramiento de las relaciones entre caseros e inquilinas. A mayor presencia de inmobiliarias y menor trato directo entre las partes, peor tiende a ser la experiencia de la inquilina. Esto se cumple de forma sistemática en cada una de las variables analizadas: más discriminación en el acceso, más cobro de honorarios, más insatisfacción, más problemas con el casero, más subidas de precio, más sensación de inestabilidad residencial, más desinformación y opacidad.

Además, se trata de un mercado distorsionado por la existencia de incentivos perversos y de conflictos de interés, dado que los intereses de los intermediarios se alinean con los de la propiedad para tratar de perjudicar a las inquilinas, y por tanto tratarán por todos los medios de imponer contratos de corta duración y con subidas mayores y más frecuentes. Un caso paradigmático de esto es el de los honorarios; aunque la Ley de Vivienda de 2023 prohibía a las inmobiliarias el cobro de un mes de renta en concepto de servicios de agencia a las inquilinas, muchas de ellas han seguido cobrándolos sin consecuencias legales, mostrando de esta forma hasta qué punto llega su impunidad y su extractivismo.

Asimismo, los intermediarios inmobiliarios están entre los principales responsables del racismo inmobiliario como forma sistemática de discriminación contra la población migrante y racializada, que les impide acceder a una vivienda digna. El gran poder que estos agentes tienen a la hora de seleccionar —y, por tanto, de descartar— entre las personas candidatas a alquilar una vivienda, las dificultades que ponen para acceder a derechos básicos como el empadronamiento o las infinitas barreras burocráticas que generan son solo algunos factores que, conjuntamente con una Ley de Extranjería profundamente racista, atentan contra los derechos de las personas migrantes y racializadas. Para combatir estas injusticias, desde el Sindicato de Inquilinas de Madrid hemos lanzado distintas campañas bajo el hastag #RentismoEsRacismo, señalando la complicidad entre el actual sistema rentista y el racismo estructural que opera a todos los niveles en la sociedad española.

Mientras el acceso al alquiler siga mercantilizado, la intermediación estará interesada en mantener altos precios de alquiler y no en promover los derechos de las inquilinas, ejerciendo una relación de chantaje y extorsión y dejándolos en una situación de indefensión ante la oferta limitada (según el chantaje de «o lo tomas o lo dejas»). Esta situación abusiva y discriminatoria convierte el proceso de intermediación en una carga insoportable para las inquilinas. Por ello, si queremos que la vivienda deje de ser un negocio debemos empezar por eliminar todo tipo de intermediarios que se dedican profesionalmente a hacer de nuestras casas un bien especulativo.

# 9
## La patronal inmobiliaria

Hasta la crisis financiera de 2008, la patronal inmobiliaria se asociaba principalmente con grandes empresas de construcción y promoción inmobiliaria como Núñez y Navarro, La Llave de Oro o Vía Célere. Estas empresas, agrupadas en influyentes organizaciones regionales como la Asociación de Promotores y Constructores de Edificios de Catalunya (APCE) y la Asociación de Promotores Inmobiliarios de Madrid (Asprima), actuaban como grupos de presión o *lobbies* para influir en las políticas de desarrollo urbano de los gobiernos. Por ejemplo, durante la burbuja hipotecaria de 1996 a 2007, estas asociaciones influyeron en el gobierno de Aznar para aprobar la controvertida Ley de Liberalización del Suelo de 1998.

### Adaptación y expansión poscrisis

Tras el estallido de la burbuja hipotecaria en 2008, la patronal inmobiliaria se adaptó trasladando su actividad al sector de los alquileres. En menos de una década, se consolidaron nuevos agentes en consultoría, mediación, inversión y gestión inmobiliaria, e igualmente se produjo un cambio en la escala geográfica, con fondos de inversión internacionales que influían directamente sobre el gobierno estatal. El espacio político que ocupa la

patronal inmobiliaria se puede trazar cronológicamente a
través de la aparición de los nuevos actores inmobiliarios
en el ciclo especulativo que se inicia después de la crisis
de 2008:

- Asociación de Consultoras Inmobiliarias (ACI),
  creada en 2013. Reúne a las principales empresas
  consultoras como Savills Aguirre Newman, CBRE,
  Cushman & Wakefield, JLL, BNP Paribas Real Estate, Catella y Knight Frank. Tan solo estas siete
  firmas internacionales controlan más del 90 % del
  mercado de la consultoría inmobiliaria en España.
  El interés de las consultoras reside en reactivar la
  locomotora inmobiliaria para que sus servicios
  de valoración y análisis de mercado sigan siendo
  imprescindibles para las empresas del sector. Son
  recurrentes las intervenciones públicas de sus por-
  tavoces abogando por la construcción de nuevas
  viviendas sociales o privadas dedicadas al alquiler
  (el denominado *build-to-rent*), bajo un modelo de
  colaboración público-privada.

- Federación de Asociaciones de Empresas Inmobiliarias (FADEI), fundada en 2017. Integrada en la
  CEOE (Confederación Española de Organizaciones
  Empresariales), reúne a 12 entidades que representan a unas 5.000 agencias inmobiliarias, con el objetivo de crear una patronal fuerte y representativa
  del sector de la mediación inmobiliaria.

- Asociación Española de Sociedades Anónimas Cotizadas de Inversión en el Mercado Inmobiliario
  (Asocimi), constituida en 2019. Representa los intereses de más de 90 SOCIMIs que se han creado en
  menos de una década, situando a España como el
  país europeo con mayor número de estas entidades.
  Estos vehículos de inversión, recordemos, cotizan
  en los mercados financieros y utilizan el capital de
  inversores de todas partes del mundo para comprar
  todo tipo de inmuebles y ponerlos en alquiler.

- Asociación de Propietarios de Vivienda en Alquiler (ASVAL), constituida en 2020. Creada por fondos buitre como Blackstone y Ares para coordinar los intereses de los grandes inversores y contrarrestar la influencia de los sindicatos de inquilinos. ASVAL intenta integrar a pequeños arrendadores para legitimar y mantener una fuerte presencia mediática en contra de las políticas propuestas por los sindicatos. ASVAL se caracteriza por su función estratégica de *lobby*, interfiriendo directamente en el gobierno mediante el reclutamiento de altos cargos de gobiernos del PSOE, quienes utilizan sus contactos y redes dentro del partido para representar los intereses del bloque rentista en el gobierno. El primer presidente de ASVAL fue Joan Clos i Matheu, exalcalde de Barcelona y exministro de Industria en el gobierno de Zapatero.

## Conflictos y luchas

En septiembre de 2022, el Sindicato de Inquilinas de Madrid irrumpió en un acto público de Joan Clos para denunciar el vínculo entre ASVAL, los fondos buitre y el gobierno del PSOE. En diciembre de 2023, ASVAL intentó actualizar sus vínculos con el gobierno de Pedro Sánchez, nombrando a Isabel Pardo de Vera, exsecretaria de Estado de Transportes, Movilidad y Agenda Urbana, como presidenta. El escándalo generado por el nombramiento, que evidenciaba un claro conflicto de intereses, llevó a Pardo de Vera a renunciar al cargo. Finalmente, Helena Beunza, exsecretaria general de Vivienda en el Ministerio de Fomento entre 2018 y 2020, fue designada como presidenta de ASVAL. Durante los años que trabajó en el ministerio, los Sindicatos de Inquilinas nos reunimos y negociamos con Beunza la política de vivienda del Estado español (como la LAU de 2019). Su nombramiento reforzó el fuerte vínculo entre la patronal inmobiliaria, los fondos buitre y el gobierno.

En menos de una década, diversas organizaciones sectoriales y actores internacionales se han sumado al espacio político de la patronal inmobiliaria. Este espacio de confluencia defiende un modelo de negocio centrado en el alquiler, adaptándose y expandiéndose en respuesta a las nuevas realidades del mercado poscrisis.

# 10
## El rol de los medios de comunicación

Los medios de comunicación no son actores neutrales. A menudo pertenecen a grandes corporaciones con intereses económicos y políticos específicos. De hecho, muchos de los principales medios de comunicación tienen entre sus principales accionistas a algunos de los bancos más importantes del país, así como fondos de inversión internacionales, entidades que sostienen posturas en materia de vivienda contrarias a las nuestras. Aun así, los medios de comunicación juegan un papel crucial en la formación de la opinión pública sobre temas de actualidad política y económica, especialmente en asuntos que pueden alterar las relaciones de poder o riqueza, ya que operan como herramientas de hegemonía cultural, moldeando las percepciones y valores de la población con el propósito de mantener el *statu quo*.

Para el Sindicato, la batalla cultural en los medios de comunicación es una prioridad, como explicamos más adelante, en el capítulo «La lucha cultural y mediática del Sindicato». En cualquier caso, frecuentemente escuchamos opiniones en los medios que responden a intereses del sector inmobiliario, las instituciones financieras o las élites en general. Por eso, debemos estar siempre alerta e identificar los discursos dominantes que se oponen a las posturas y campañas que defendemos. De hecho, cada vez que se propone regular el mercado del alquiler a favor del inquilinato, reaparecen los mismos

argumentos en contra por parte de la patronal inmobiliaria y ciertos sectores del arco político. Estos argumentos,
aunque calan a nivel mediático y en el imaginario social,
carecen de base sólida.

Una investigación realizada entre 2019 y 2023 examinó
los discursos de los principales actores involucrados en las
modificaciones legislativas del mercado de alquiler: el gobierno, los partidos políticos de la oposición y la patronal
inmobiliaria. La investigación identificó tres argumentos
principales utilizados para deslegitimar y/o limitar las
medidas a favor de las inquilinas.

*Argumento 1: el «casero vulnerable».* Los opositores a las
políticas a favor del inquilinato presentan al casero típico
como una persona jubilada que complementa su modesta
pensión con rentas del alquiler, argumentando que legis-
lar a favor del inquilinato perjudicaría a estos caseros que
dependen de estas rentas para vivir. Por ejemplo, durante
la votación de la ley de contención de rentas en el Parla-
mento de Catalunya (Ley 11/2020), el presidente catalán
mencionó la necesidad de considerar tanto la vulnerabilidad de las inquilinas como la de los pequeños propietarios. Por su parte, la Asociación de Inmobiliarias con Patrimonio en Alquiler (Asipa) alertó de que las medidas del
«escudo social» en materia de vivienda implementadas a
raíz del covid-19 ponían en «riesgo la supervivencia económica de muchos ahorradores privados».

Sin embargo, los datos no respaldan este argumento. En
el mercado del alquiler, se observa una transferencia de rentas regresiva entre caseros e inquilinas. Los caseros se encuentran en los tramos más altos de la distribución de renta
de los hogares, mientras que las inquilinas se encuentran en
los tramos inferiores. Incluso sin los ingresos por alquiler,
los caseros seguirían casi doblando los ingresos de los hogares inquilinos. Además, los hogares de caseros en riesgo
de pobreza representan solo el 0,6 % de todos los hogares, y
los planes de pensiones españoles prácticamente no invierten en vivienda en alquiler en el país.

*Argumento 2: los «efectos contraproducentes»*. Según esta postura, las medidas favorables al inquilinato perjudicarían en última instancia a las propias inquilinas, al provocar que los caseros dejen de invertir y retiren viviendas del mercado. Se deduce, pues, que la restricción de la oferta encarecería aún más los alquileres. En tanto se considera que se trata de un mercado competitivo, sería mejor que este se autorregulara. De hecho, en la sesión de votación sobre la extensión de la duración mínima de los contratos de alquiler (Real Decreto-Ley 7/2019) en el Congreso de los Diputados, el portavoz del PDeCAT alertó del riesgo de que «algunos propietarios, fruto de la regulación, saquen menos pisos en alquiler». En la misma sesión, pero en referencia a la perspectiva de controlar precios, el portavoz de Ciudadanos argumentó que, entre los expertos, un «amplísimo consenso señala que limitar los precios de los alquileres reduce la calidad y cantidad de la oferta de vivienda».

El mercado del alquiler no es, sin embargo, un mercado competitivo. Los caseros tienen la propiedad exclusiva de un recurso escaso y de localización única: el suelo. En ciudades como Madrid y Barcelona, las inquilinas son consumidoras cautivas, ya que la alternativa a no aceptar una subida del alquiler es marcharse, con todos los costes que esto conlleva. Hay una situación de monopolio —porque los caseros son los únicos propietarios de un recurso finito— y los caseros pueden, por tanto, extraer rentas muy por encima de sus costes de mantenimiento y de las rentabilidades en otros sectores. Hay margen para limitar estas rentas con regulaciones adecuadas.

Además, esperar que el mercado incremente automáticamente la oferta de alquiler hasta hacer bajar los precios contradice los propios incentivos del mercado inmobiliario. La vivienda no es una mercancía cualquiera que se produce cuando su precio supera su coste de producción. La vivienda y el suelo operan como activos, con un valor patrimonial que es independiente de que estén en uso. En un contexto de alza de precios, los caseros y los propietarios de suelo no tienen prisa por ofertar más vivienda hoy si lo pueden hacer mañana a un precio mayor. Por otra parte, si las perspectivas de mercado se enturbian, echan el freno para evitar futuras pérdidas. El mercado no correrá a cubrir la demanda de vivienda de alquiler asequible que tan urgentemente se necesita.

Otra variante de este mismo argumento alude a la «falta de oferta» y de «seguridad jurídica para los inversores». Se trata de un falso reclamo que sostiene que con la construcción de nueva vivienda se podrá solucionar el problema de acceso al alquiler, un argumento que obvia por completo las lógicas de funcionamiento del mercado de la vivienda y los principales problemas que ya existen —viviendas vacías, viviendas destinadas a un uso antisocial como los apartamentos turísticos, subidas de los precios de los alquileres—. De hecho, España es uno de los países europeos con mayor cantidad de viviendas por habitante (más de 500 por cada 1.000 personas); el problema radica en el uso que se está dando a esas viviendas. Estos argumentos, a su vez, suelen venir acompañados de afirmaciones racistas y xenófobas —«no faltan viviendas, sobra gente»— que buscan enfrentar a las clases inquilinas nativas con las extranjeras para alejar el foco de los verdaderos culpables de la situación, los rentistas y los gobiernos.

A pesar de esto, ¿podrían las intervenciones públicas en el mercado del alquiler empeorar aún más la situación? Depende del particular diseño e implementación de cada medida y de cómo se complementen las diferentes políticas desplegadas. Una revisión de la evidencia científica sobre la medida más controvertida (el control de precios de los alquileres) demuestra que no existe ningún consenso general sobre sus impactos, más allá de que ciertamente consigue contener los precios del parque de vivienda regulado. Frecuentemente, el fracaso radica en que la medida se quede a medio camino. Desde nuestra perspectiva, el éxito de la regulación se ve comprometido cuando esta se aplica de manera inconsistente e incompleta. La capacidad de los arrendadores para trasladar sus propiedades a otros mercados con el fin de eludir dicha regulación (como al alquiler temporal o turístico), la implementación de controles variables en función del tipo de propietario o la ausencia de mecanismos sancionadores eficaces que desincentiven a los arrendadores de su incumplimiento son factores determinantes que pueden conducir al fracaso de la medida. La dimensión temporal también puede ser una fuente de fracasos en este sentido, ya que si, por ejemplo, la regulación de precios solamente se establece durante el periodo que dura un mismo contrato, pero no hay ningún tope o regulación una vez se acaba el mismo, los caseros tendrán el incentivo de no renovar los contratos de alquiler en vigor, expulsando en la práctica a sus inquilinas.

*Argumento 3: la «vulneración de los derechos de propiedad».* Quienes defienden esta posición sostienen que los caseros tienen el derecho sin límites a determinar los usos y precios de sus propiedades. El derecho a la propiedad se consideraría, así, un derecho absoluto. Por ejemplo, en un informe del Instituto de Estudios Económicos sobre el proyecto de Ley de Derecho a la Vivienda (Ley 12/2023), se declara que la regulación en materia de vivienda supone un quebranto del derecho de propiedad, calificando medidas como la suspensión temporal de desahucios como una «expropiación regulatoria temporal».

Esta visión reproduce la concepción de la vivienda como un bien de mercado con el que especular y obtener beneficios, y niega su función de bien de uso, como necesidad humana básica para la vida. Como hemos visto antes, los procesos de financiarización de la vivienda en las últimas décadas no han hecho más que aumentar esta tendencia. Frente a esto, nuestra labor como Sindicatos de Inquilinas es cuestionar la legitimidad de la propiedad privada y del sistema de extracción de rentas a través de los alquileres, defendiendo que el derecho de todas nosotras a una vivienda digna está por encima del afán de lucro ilimitado de caseros y rentistas de todo pelaje y condición.

En conclusión, los tres argumentos principales utilizados por los actores dominantes en el mercado del alquiler presentan importantes debilidades empíricas y teóricas. Que estos argumentos reaparezcan ante medidas diversas demuestra que las disputas en torno a las políticas de vivienda no se basan en análisis detallados de cada medida, sino en posiciones ideológicas e intereses económicos.

# 11
## Campañas contra la okupación y empresas de desokupación

La okupación no solo es un acto de necesidad, sino también de resistencia política. Las personas que okupan viviendas están reclamando su derecho fundamental a un techo, desafiando un sistema que prioriza el lucro por encima de las necesidades humanas. Este movimiento denuncia la especulación inmobiliaria y la pasividad gubernamental, demandando soluciones reales y sostenibles.

Durante los últimos años las campañas contra la okupación en algunos medios de comunicación han sido muy frecuentes y alarmantes, hasta el punto de que gran parte de la población vive atemorizada de que alguien okupe su casa.

Estas campañas generan una cultura del miedo en torno a la vivienda, alineando las preocupaciones e intereses de la población con los del sector inmobiliario. Extienden la idea de que cualquiera puede sufrir que le okupen su casa en su ausencia, como cuando bajan a hacer la compra o se va de vacaciones. Sin embargo, judicialmente esto es imposible. Si alguien entra en la vivienda de otra persona en su ausencia, será desalojado y detenido de inmediato, ya que se considera allanamiento de morada, un delito que se aplica tanto a la residencia principal como a las segundas residencias. En cambio, si se trata de un inmueble abandonado que no constituye morada, el delito es de usurpación, con penas más bajas y un procedimiento judicial más largo para ejecutar el desalojo.

La legislación española diferencia claramente entre allanamiento de morada y usurpación, dependiendo de la naturaleza del inmueble. Para que alguien okupe una casa, esta debe estar en situación de abandono y desuso, algo que la mayoría de la población no puede permitirse. Según el CIS, solo el 2,9 % de los hogares tienen una vivienda sin habitar.

La realidad es que la okupación afecta principalmente a inmuebles vacíos y en desuso, propiedades de grandes tenedores como bancos e inmobiliarias, que los mantienen abandonados mientras esperan revalorizaciones del mercado. En 2021, solo el 0,07 % de las viviendas en España fueron afectadas por denuncias de usurpación. Además, el delito de allanamiento de morada, que es el que realmente preocupa a la población, solo registró 230 casos ese mismo año, todos con recuperación inmediata de la vivienda. Por lo tanto, estas campañas no buscan proteger a la población, sino defender los intereses del sector inmobiliario.

Las campañas contra la okupación buscan desviar la atención de los problemas reales de vivienda. El objetivo es que cuando hablemos de alquileres abusivos, especulación o fondos buitre, nos respondan que el problema real es la okupación; y que cuando luchemos contra nuestros caseros o nos neguemos a irnos de la vivienda que habitamos, nos llamen «inquiokupas» para deslegitimar nuestras acciones. Por eso, debemos ser conscientes de que estas campañas tienen fines políticos, y que el problema no son las personas que necesitan okupar una vivienda vacía para vivir, sino que haya empresas y personas que acumulen viviendas vacías para especular.

## Empresas de desokupación

Estas empresas se han popularizado en los últimos años. Se dedican a realizar desahucios al margen de la ley, operando como grupos parapoliciales y priorizando el derecho a la propiedad privada de los caseros sobre la justicia y los derechos sociales. Según su perspectiva, un casero debe poder hacer con su vivienda lo que desee, sin importar lo que diga la ley o los derechos y necesidades de las personas que la habitan. Además, estas empresas están compuestas por matones que, en muchos casos, muestran visiblemente su pertenencia a grupos nazis y fascistas. De hecho, algunas de estas empresas están directamente vinculadas a grupos de extrema derecha.

Por dar algunos ejemplos de estas empresas: en mayo de 2024, los Mossos d'Esquadra desmantelaron en Catalunya una banda de desokupaciones extrajudiciales, que actuaba bajo la apariencia de una empresa legal. La banda, creada en 2020 con el nombre de Antiokupa Tarraco, ha sido acusada de coacciones, agresiones y acoso extremo, entre los que destacan: destrozos de vehículos y domicilios, palizas, instalación de GPS en las víctimas para seguirlas o el robo de un perro. En un caso, llegaron a sustraer a una niña de tres años de las manos de su madre para desalojar la vivienda. La investigación judicial también señala «cierta colaboración» de la banda con la policía local y revela que, aunque se presentaba como un servicio de mediación para desahucios, en realidad se dedicaba a hostigar a las inquilinas. Esto no es un hecho aislado: el Sindicato Unificado de Policías de España firmó en agosto de 2024 con la empresa Desokupa, una de las empresas de matones desahuciadores más populares de España, un acuerdo de «formación en defensa personal» para 30.000 policías.

En abril de 2024, el Sindicato de Inquilinas de Madrid realizó una acción en la sede de DIO Express, una empresa que en su web anuncia desalojos *express* en 48 horas y que asegura haber realizado más de 5.000 desahucios al margen de la ley. Tras meses acosando a dos familias organizadas con el Sindicato, una decena de activistas entraron en su sede al grito de «fuera matones de nuestro barrios». La acción tuvo resultado y el acoso a las familias organizadas con el Sindicato se detuvo.

# 12
## Luchas y políticas de vivienda en Europa

Los regímenes de tenencia en Europa varían considerablemente de un país a otro. Estas diferencias suelen atribuirse a las preferencias habitacionales de la población en cada lugar. Por ejemplo, es habitual escuchar que la población española prefiere la vivienda en propiedad, mientras que en otros países europeos se opta más por el alquiler. Sin embargo, esta afirmación es falsa, ya que el tipo de tenencia mayoritario en un país no es el resultado de las preferencias individuales de sus ciudadanos, sino del desarrollo histórico de los sistemas de vivienda respectivos, que dependen en última instancia de la lucha de clases en torno a la vivienda que se han producido y que ha cristalizado en distintas formas de intervención pública. Por lo tanto, no se trata de decisiones individuales sino de que el sistema de vivienda, producido en un territorio a través de sus luchas, junto con la posición socioeconómica del hogar, determina si una persona vive de alquiler, en propiedad o en otra forma de tenencia, como podría ser una cooperativa.

Como decimos, en este conflicto no existen únicamente dos partes, la de los acaparadores de vivienda y las personas que no tenemos control sobre la vivienda en la que vivimos, sino que aparece de manera principal un tercer sujeto con capacidad de definir el sistema de vivienda: el Estado.

Los Estados, a través de diversas estrategias y decisiones políticas, regulaciones normativas e instituciones, son agentes centrales en la conformación y reconfiguración de los sistemas de vivienda, aunque sus acciones están a menudo sometidas a los intereses de la clase económica dominante. En este sentido, la intervención del Estado está detrás de la subida de los precios de los alquileres y de la ejecución de miles de desahucios. Estos fenómenos no se pueden explicar por la simple acción de las fuerzas del «mercado» o por una aséptica administración de la justicia.

En particular, los procesos de financiarización de la vivienda han sido impulsados mediante múltiples formas de intervención estatal que crean las condiciones de mercado en las que actúa el capital. La liberalización de los mercados se realiza de forma selectiva (según compromisos e imposiciones de la Unión Europea, por ejemplo), pero no necesariamente por medio de reducir o eliminar la intervención estatal (desregulaciones y privatizaciones), sino también con nuevos sistemas de regulación que sustituyen o modifican los sistemas de regulación existentes, favoreciendo la acumulación capitalista. Desde esta perspectiva, es la intervención estatal la que dirige y da forma a diversos sectores económicos, incluidos los financieros e inmobiliarios. En este sentido, muchas formas de aparente *desregulación* no significan la ausencia de regulación estatal, sino la ampliación del poder del Estado para facilitar activamente procesos como los de financiarización a través de garantías legales y económicas para «nuevos» y más sofisticados instrumentos financieros.

Durante las últimas décadas de hegemonía de las políticas neoliberales, los Estados han sido los encargados de establecer los circuitos por los que circula globalmente la inversión inmobiliaria. En particular, la intervención del Estado ha sido crucial para competir con otros Estados, atraer inversión extranjera directa e introducir liquidez en los mercados locales, utilizando diversas políticas, regulaciones y acciones estratégicas. La conversión de la vivienda en un activo financiero y su sustracción de los pilares del Estado de bienestar en tanto que necesidad básica, ha sido posible, así, gracias a regulaciones y desregulaciones operadas por las autoridades gubernamentales, tales como la legalización de instrumentos financieros que aumentan la liquidez inmobiliaria, es decir, la capacidad de que se compren y vendan propiedades inmobiliarias de forma rápida y altamente lucrativa. Estos procesos tienen fuertes impactos sobre los mercados inmobiliarios.

De este modo, la subida de los precios de los alquileres, los abusos inmobiliarios, los desahucios y, en general, la mercantilización de la vivienda, son fruto de decisiones políticas. Este hecho parece contradictorio, y hace que muchas personas se pregunten por qué es tan difícil aprobar políticas que protejan y garanticen el derecho a la vivienda. La contradicción radica en que la mercantilización y la financiarización de la vivienda son elementos centrales para la reproducción de las sociedades capitalistas. Los beneficios que genera el actual sistema de vivienda y la estructura rentista son necesarios para la acumulación de capital y el funcionamiento del capitalismo, aunque para ello generen desigualdad y empobrezcan a millones de personas. Por eso nos resulta tan difícil conseguir que se aprueben las medidas de contención que defendemos. Nuestras reivindicaciones buscan garantizar el bienestar de las personas, por encima del lucro de los caseros o del sector inmobiliario, enfrentándose así a los intereses del capital. De hecho, nuestras medidas apuntan hacia horizontes poscapitalistas, donde la vivienda no sea una mercancía que algunos acumulan y con la que se lucran, sino un recurso del común que se organiza y produce para garantizar su acceso al conjunto de la población.

En este contexto, las luchas legislativas son otra de las herramientas cruciales para demostrar que son posibles otros modelos de vivienda y generar así nuevo sentido común en torno a la vivienda. También para conseguir avances materiales, aunque sean insuficientes, que confronten el poder del sector inmobiliario y nos permitan ganar derechos y vivir mejor. Pero también para erosionar la legitimidad y el respaldo social de ciertos partidos y gobiernos, mostrándoles como parte del bloque rentista-inmobiliario.

En multitud de ocasiones, se pone como referencia en el debate público a otros países o ciudades que ejemplifican un modelo de vivienda diferente. Lo que queremos demostrar en este apartado es que estos sistemas no fueron creados de la nada o como resultado del voto a un determinado partido político sino que fueron la conquista, siempre parcial, de las luchas históricas de la clase trabajadora organizada, principalmente a través de los sindicatos. Las organizaciones y las luchas inquilinas han existido en muchos rincones del mundo desde finales del siglo XIX e inicios del siglo XX. En un contexto de desarrollo industrial, con el crecimiento de las grandes ciudades, los problemas de acceso a la vivienda, las rentas excesivas y su mala condición física y de salubridad resultaban acuciantes. En esta tradición encontramos ejemplos históricos de huelgas de alquileres vinculadas a las organizaciones de base de la clase trabajadora como en Irlanda (en 1903), Buenos Aires (1907), Milán (1909), Viena (1910), Leeds (1914), Glasgow (1915), París (1919), Estocolmo (1920) o Barcelona (1931).

Las victorias que siguieron a estas luchas nos muestran que el Estado no es simplemente un instrumento de la clase capitalista, subalterno y esclavo del capital. El Estado es una realidad contradictoria, con amplios márgenes políticos que se evidencian en la diversidad de políticas en torno a la vivienda. Son posible, porque de hecho han sido posibles, políticas estatales que protejan el derecho a la vivienda. Muchos de los límites al capital consisten en conquistas históricas de la lucha de clases que efectivamente han llegado a torcer el brazo al Estado y al capital obligándoles a incorporar sus demandas. El desarrollo histórico del Estado y del capitalismo se encuentran completamente entrelazados, hasta tal punto que resulta inútil tratar de establecer las fronteras entre uno y otro. Pero eso no significa que la lucha de las clases trabajadoras no haya conquistado mejoras de vital importancia ejerciendo su poder sobre el Estado.

Sin embargo, es imprescindible tener cuidado: el miedo a lograr victorias que sean incorporadas y utilizadas como fuente de legitimidad y estabilidad por el Estado está perfectamente justificado. Luchar por conquistas en y contra el Estado conlleva riesgos y potencialidades y debe considerarse en términos estratégicos según cada contexto de lucha particular, pero nunca debe ser idolatrado o descartado de forma definitiva. No hay que olvidar, en cualquier caso, que las victorias parciales asumidas por el Estado no resolverán ningún problema estructural y que cualquier forma de lucha debe enmarcarse en un proceso de transformación general que supere las relaciones sociales capitalistas y ponga en el centro la defensa de la vida y las necesidades humanas.

Las conquistas históricas de las inquilinas han sido, por un lado, todas aquellas relativas a la protección y la mejora de la posición inquilina, donde podemos encontrar el control de precios, la extensión de la duración de los contratos de alquiler o la penalización de la vivienda vacía. Por otro lado, encontramos el desarrollo de un sistema de vivienda público-común que avance en la desmercantilización de la vivienda con la promoción de la vivienda pública y cooperativa.

La regulación por ley de los precios de los alquileres es una medida que ha estado presente desde principios del siglo XX en países como Estados Unidos o Alemania. Un caso notable es el de Nueva York, que ha mantenido controles sobre los niveles iniciales, así como sobre los incrementos de los alquileres desde la década de 1940. Los controles de precios se introdujeron en varios países europeos durante la Primera Guerra Mundial y en Estados Unidos al comienzo de la Segunda Guerra Mundial, siendo conocidos como controles de renta «duros» o de «primera generación». En la década de 1970, aparecieron nuevas políticas de regulación, conocidas como controles «suaves» o de «segunda generación», que limitaban el crecimiento de los precios de los alquileres, generalmente vinculados a la evolución del coste de la vida. Estos controles se aprobaron en ciudades como Boston o San Francisco, en múltiples estados de Estados Unidos, en diversas provincias de Canadá y en buena parte de las economías europeas. Estos controles se aplicaron de forma heterogénea debido a que sus diseños incluían cláusulas de actualización y cobertura del mercado de diversa naturaleza. Otros ejemplos son Suecia, donde los alquileres se fijan según criterios sociales, no de mercado, o Alemania, donde los alquileres no pueden superar el 10 % del índice de referencia.

Con la deriva neoliberal, el desmantelamiento del Estado de bienestar y la financiarización de las sociedades, desde la década de 1980, muchos de estos sistemas de control de rentas han desaparecido o han sido sustituidos por medidas de menor alcance, como las políticas de estabilización de rentas en las cuales la regulación se limita a establecer el incremento máximo del alquiler durante la vigencia del contrato de arrendamiento de vivienda. Sin embargo, en economías como los Países Bajos, Dinamarca, Austria, Luxemburgo, Suecia, Alemania o Estados Unidos, las regulaciones de los precios de los alquileres persisten de forma significativa, y en algunos casos se han incorporado nuevas medidas o se han reforzado las existentes.

A menudo escuchamos que regular el precio del alquiler sería una catástrofe, reduciendo la oferta y empeorando su calidad. En realidad son los mismos argumentos que lanzaban los empresarios cuando se pretendía abolir el trabajo infantil o conquistar la jornada laboral de 8 horas y, en definitiva, ante cualquier avance de derechos. Concretamente, la evidencia científica reciente no respalda esta afirmación. Por ejemplo, un estudio de 2014 muestra que el control de rentas en Massachusetts logró bajar los precios durante los años noventa, y tras su eliminación, estos se dispararon. Investigaciones en San Francisco y Nueva York han demostrado que estas políticas protegen a los habitantes de menores ingresos y evitan su expulsión de los barrios.[2] En definitiva, regular no resolverá el problema de la vivienda, pero puede bajar los precios de forma inmediata y efectiva, aliviando a millones de familias. Aunque podría motivar que algunos fondos retiren pisos del mercado, este problema se puede minimizar y compensar con las medidas adecuadas. Mientras se trabaja en aumentar la vivienda pública, es necesario dar respuesta a las necesidades actuales de la población.

La duración de los contratos de alquiler es también una batalla fundamental para la seguridad y estabilidad de las inquilinas, protegiéndolas de las fluctuaciones del mercado y asegurando una residencia a largo plazo. En Alemania, Dinamarca, Francia, Luxemburgo, Países Bajos y Suecia, los contratos de alquiler son en su mayoría de duración indefinida, evitando las rescisiones dirigidas a incrementar las rentas. En España, sin embargo, los contratos duran cinco o siete años, permitiendo al propietario expulsar a la inquilina o subir el precio al final del contrato. Esto permite que los caseros no renueven los contratos de alquiler a las inquilinas con el único objetivo de buscar a otras inquilinas que estén dispuestas a pagar más.

A finales del siglo XX, las luchas inquilinas volvieron a cobrar protagonismo, al organizar y hacer resistencia contra las burbujas inmobiliarias que se han ido sucediendo desde los años setenta y ochenta, momento en el que surgen numerosos sindicatos de inquilinas en varias ciudades y países del mundo. Actualmente, las luchas internacionales de inquilinas vuelven a estar en auge frente a las burbujas de precios y al aumento del rentismo a nivel global. En Europa, destaca el papel de los sindicatos de vivienda alemanes, que en los últimos años han impulsado políticas de control de precios del alquiler en Berlín y un referéndum para la expropiación de los pisos públicos que fueron privatizados y vendidos a los fondos de inversión tras la caída del muro.

---

[2] H. Kallin y N. Grey, «Rent controls in comparative perspective», *Radical Housing Journal*, núm. 6(2), 2024, pp. 237-251.

Las organizaciones inquilinas del Reino Unido también han resurgido, recuperando su tradición de lucha, con la creación de la London Renters Union en 2017 o de Living Rent, el sindicato de inquilinas escocés, que no ha parado de crecer desde 2014. Además de parar desahucios, ambos sindicatos organizan a bloques enteros de inquilinas con el fin de impulsar negociaciones colectivas con los propietarios e impedir expulsiones. Gracias a la acción de Living Rent, los alquileres fueron congelados por decreto para hacer frente al invierno de 2022, marcado por la crisis de inflación.

Suecia es uno de los países con una tradición de organización inquilina más sólida, con un sindicato histórico que goza de un alto poder de negociación. En los últimos años, han surgido grupos de inquilinos alternativos que están dando energías renovadas a la acción directa de las inquilinas. Las luchas inquilinas también han llegado hasta Portugal, con la organización de grupos como Habita Lisboa o Habitação Hoje! en Oporto, que organizan asambleas inquilinas y están impulsando una mejora del sistema de limitación de precios de alquiler.

Fuera de Europa, los sindicatos de inquilinos en varias ciudades de Estados Unidos y Canadá son referentes en la lucha contra la especulación. Estos organizan huelgas de alquiler, que pueden durar años, y han conquistado derechos inquilinos como el control de alquileres en el estado de California en 2019. Aunque las luchas más icónicas se han concentrado en San Francisco y Nueva York, ciudades con una gran presión inmobiliaria, las luchas inquilinas también tienen relevancia en lugares como Nebraska, donde el Omaha Tenants United surgió en 2017 para responder al aumento de precios, organizando a bloques de inquilinos, dando apoyo legal y parando desahucios.

En el Sur Global, Inquilinos Agrupados fue fundada en Buenos Aires en 2016 en respuesta a la creciente crisis habitacional y al incremento de los alquileres en el país. Desde su creación, se ha dedicado a la defensa de los derechos de las inquilinas, promoviendo la organización colectiva y ofreciendo asesoramiento. Entre sus logros más destacados se encuentra la implementación de la ley de alquileres en 2020, que establece una regulación más estricta sobre los contratos de alquiler y proporciona mayor protección a las inquilinas frente a desalojos y a aumentos desmedidos de las rentas. Además, Inquilinos Agrupados organiza asambleas y movilizaciones con el fin de visibilizar los problemas que enfrentan las inquilinas y presionar por políticas públicas que garanticen el acceso a una vivienda digna.

Con el objetivo de aunar las luchas inquilinas a nivel internacional, en abril de 2024 tuvo lugar el Primer Encuentro Internacional de Sindicatos de Inquilinas en Barcelona, un hito histórico en la lucha por el derecho a la vivienda. Aunque tendemos a pensar que la problemática de la vivienda es particular de cada ciudad o país, el poder inmobiliario y sus vínculos con el poder financiero operan de forma transnacional y global. En muchos lugares del mundo, y en particular en Europa y Estados Unidos, encontramos dinámicas similares: las personas trabajadoras vivimos amenazadas por la expulsión de nuestras casas o el ahogo bajo un alquiler impagable. Sabemos que estos son efectos de una misma causa: la organización de las ciudades y la vivienda bajo las lógicas de la extracción y acumulación rentista, donde los fondos de inversión internacionales tienen un papel protagonista. Ante esto, es imprescindible articular una respuesta a la altura del problema de la vivienda: la constitución de un polo internacional para hacer frente al capital rentista global.

Durante el encuentro, doscientas militantes de veinte países diferentes nos reunimos para iniciar el camino hacia la Internacional Inquilina. Además analizamos el papel de los fondos de inversión internacionales, el racismo inmobiliario, así como modelos alternativos y comunitarios de vivienda. También establecimos cuatro mesas de trabajo para tratar la acción sindical, el crecimiento organizativo, la negociación colectiva y las relaciones entre el sindicalismo laboral y de vivienda. De Toronto a Berlín,

de San Francisco a Tesalónica, captamos las diferentes ex-
presiones de la lucha inquilina y las grandes similitudes
del monstruo al que todos hacemos frente: una creciente
desposesión de la clase trabajadora, haciendo innegable la
necesidad de construir un fuerte poder sindical de alcance
internacional. El encuentro concluyó con la lectura coral
de la Declaración de Barcelona, que da el primer paso hacia una colaboración internacional inquilina de carácter
permanente.

# 13
## Luchas y políticas de vivienda en España

En España, la vivienda no ha estado regularmente en el centro de la protesta social. Sin embargo ha acompañado con frecuencia a otras luchas y ha despuntado en algunos periodos históricos. A principios del siglo XX, la huelga de alquileres se utilizó de forma recurrente en distintas ciudades (Barcelona, Sevilla o Bilbao entre otras) como forma de protesta del movimiento inquilino. En 1931, Barcelona protagonizó una de las mayores huelgas de alquiler de la historia, en el marco de las movilizaciones obreras que acompañaron la fundación de la Segunda República.

Destruido el movimiento obrero y cualquier opción de cambio, en la década de 1950, el régimen franquista inició una política de vivienda conservadora promoviendo la vivienda en propiedad con el objetivo de endeudar a las clases trabajadoras y convertirlas en clases propietarias («queremos un país de propietarios, no de proletarios», diría el ministro franquista José Luis Arrese), reduciendo así el conflicto social.

Con el desarrollismo industrial y la apertura del país al capital internacional desde finales de la década de 1950, los problemas de alojamiento se acentuaron, sobre todo para la población rural que emigraba a las ciudades. Surgió entonces el fenómeno de la autoconstrucción en muchas de las periferias de los polos industriales de

estas ciudades. Esta situación generó luchas por su defensa, las mejoras urbanísticas, el abastecimiento de servicios
y el acceso al transporte público, así como por el realojo en
viviendas de más calidad y a precio asequible. Estas luchas
tomaron distintas formas en cada ciudad, pero fueron fa-
cilitadas por las «asociaciones vecinales», permitidas por
la ley de 1964 y, sobre todo, tuvieron su mayor capacidad
movilizadora en la segunda mitad de la década de 1970.

Para el régimen franquista, la forma de mitigar el conflicto fue la construcción de «vivienda protegida», que
garantizaba subvenciones públicas a los constructores, un
precio máximo de venta y un periodo tras el cual los residentes podían vender su vivienda en el mercado libre.
Estas políticas sumadas a la corrupción, la especialización
turística y la urbanización descontrolada perpetuaron el
problema de la vivienda durante décadas. Así, se dio comienzo a una serie de reformas encaminadas a fomentar
burbujas inmobiliarias que han marcado nuestra historia
reciente y que se llegaron a denominar posteriormente «el
milagro español», centrado en la liberalización del suelo,
la construcción sin límites y el endeudamiento excesivo de
la población.

Las luchas vecinales acompañaron, no obstante, a
otras luchas más amplias por la democracia, los salarios,
los equipamientos urbanos o la autogestión barrial. Uno
de los mayores logros de este movimiento fue el Plan de
Remodelación de Barrios de Madrid, iniciado en 1979 y
concluido aproximadamente diez años después. Se cons-
truyeron alrededor de 48.000 viviendas protegidas (algunas en régimen cooperativo) y se realojaron a unos 150.000
residentes que antes vivían en chabolas.

La caída en picado del régimen de vivienda social en
alquiler durante el franquismo, por un lado, y el deterioro de muchos edificios antiguos que conllevaba la expulsión de sus moradores de los centros históricos, por el
otro, también fueron objeto de demandas y luchas antes
y después de las elecciones municipales de 1979. En esos

años, se produjeron las primeras ocupaciones de viviendas y edificios vacíos como forma de protesta organizada, aunque no fue hasta mediados de la década de 1980 cuando se expandió más significativamente este «movimiento okupa». La vivienda tampoco fue el eje central de este movimiento, sino los centros sociales autogestionados. No obstante, estos activistas también reclamaron espacios residenciales y articularon un discurso muy crítico con la especulación urbana, la gentrificación y, de forma más amplia, con el capitalismo y la propiedad privada. A pesar de su persecución penal a partir de 1995, este movimiento se expandió por todo el Estado y configuró redes locales de activismo radical, pero rara vez consiguió influir en la agenda política en materia de vivienda.

A partir de la transición surgieron nuevas regulaciones, leyes urbanísticas (1975, 1990, 1997) y leyes sobre el alquiler (1985, 1994), junto a planes de vivienda estatales desarrollados mediante convenios con las comunidades autónomas, que tienen las principales competencias en vivienda. Algunos gobiernos municipales también poseen patrimonio residencial o empresas públicas de vivienda destinadas a fines sociales.

La principal novedad en materia de alquiler fue el Decreto Boyer de 1985, que liberalizó el mercado de alquiler, acabando con los contratos indefinidos conocidos como contratos de «renta antigua». Este decreto suprimió la prórroga forzosa de los alquileres, que implicaba un fuerte control sobre los precios. A partir de entonces, los precios de los alquileres podrían ser fijados de manera unilateral por los propietarios, subiéndolos sin ningún tipo de límite cada pocos años. Esta medida supuso un fuerte ataque al mercado de alquiler, con el objetivo de impulsar la vivienda en propiedad y las inversiones especulativas. A los pocos años, los resultados resultaron claros: menos estabilidad para las inquilinas, aumento de las viviendas vacías y menos viviendas en alquiler. Según el INE, los hogares en alquiler se redujeron del 20,8 % en 1981 al 15,2 % en 1991.

En 1994, la Ley de Arrendamientos Urbanos (LAU) intro-
dujo una duración mínima de los contratos de cinco años,
reformada a tres años en 2013 para subordinar los derechos del inquilinato a las necesidades de los fondos buitre.
La modificación más reciente de la LAU en 2019 se produjo gracias a la lucha de los Sindicatos de Inquilinas, y ha
elevado a siete años la duración mínima del alquiler si el
arrendador es una persona jurídica (una empresa).

Entre 1985 y 2013, la vivienda en propiedad gozó de
deducciones fiscales muy beneficiosas para los compra-
dores (hasta un 17 %), incluso en las segundas y terceras
viviendas, discriminando así a los inquilinos. Desde 1981,
la regulación del mercado hipotecario flexibilizó la obten-
ción de crédito, protegiendo los intereses de las entidades
financieras por encima de los de las personas hipotecadas.
La Ley del suelo de 1998 permitió los pelotazos inmobiliarios de los años posteriores, además de la destrucción
del territorio. Otro ejemplo es la caducidad del régimen de
protección oficial de las viviendas públicas (VPO), permitiendo su privatización.

De forma más inesperada, en los últimos años de la
burbuja inmobiliaria entre 1995 y 2007 destacó una movilización con repertorios muy creativos y una alta co-
nectividad digital: V de Vivienda (o Movimiento por una
Vivienda Digna). Sus manifestaciones fueron duramente
reprimidas y decayeron a los pocos años, aunque sirvie-
ron de germen para el nacimiento posterior de la PAH
(Plataforma de Afectadas por las Hipotecas), fundada en
Barcelona en 2009.

Después de décadas en las que el valor de los salarios
y las rentas del trabajo no hacían más que bajar, la economía española se sostuvo gracias al endeudamiento de las
familias. La crisis de 2008 hizo saltar por los aires el «milagro» español. En los siguientes años, centenares de miles
de personas tuvieron que abandonar sus casas: los bancos les habían estafado y, además de perder su vivienda,
seguían teniendo que pagar la deuda. Pero la PAH creció

exponencialmente hasta el punto de formar más de 250 nodos, gracias en gran parte a su convergencia con el movimiento 15M surgido en 2011. La PAH consiguió además grandes victorias: miles de desahucios fueron parados en las mismas puertas, miles de viviendas fueron recuperadas de las garras de los bancos, y se construyó una gran legitimidad en torno al derecho a la vivienda. Si nosotras estamos hoy aquí, es gracias a ellas.

En 2013, las condiciones de acceso a la vivienda estaban cambiando: los bancos tenían una ingente cantidad de viviendas —consideradas *activos tóxicos* de los que tenían que deshacerse para sanear sus cuentas—, en un contexto en el que el acceso a las hipotecas se había endurecido. Fue entonces cuando por un lado se rescató a los bancos con la creación de la SAREB, y por otro comenzó la venta de vivienda a fondos buitres y grandes rentistas, que aprovecharon la situación para comprar viviendas a precio de saldo y ponerlas en alquiler, propiciando que los precios empezasen a subir como nunca antes. Este proceso no ocurrió por cuestiones naturales o inevitables, sino que fue el propio Estado —con el apoyo de las instituciones europeas— el que colocó una alfombra roja para que España continuase siendo *el paraíso de la especulación*.[3] De esta forma, comenzó a forjarse un nuevo ciclo inmobiliario en el que la explotación a través del alquiler sería una de las fuentes de «la recuperación de la economía», es decir, de los beneficios de las grandes fortunas. En todo este proceso de reestructuración capitalista global, España jugó y juega un papel fundamental.

Con la subida de precios del alquiler llegaron las expulsiones de nuestros barrios, los *desahucios invisibles,* y los múltiples abusos a los que nos enfrentamos cada día

---

[3] Hablamos del conjunto de cambios producidos por la reforma de la Ley de Arrendamientos Urbanos de 2013: la reducción de la duración de los contratos de alquiler a 3 años, la eliminación de los impuestos a las SOCIMIs y la venta de vivienda pública de la Comunidad y el Ayuntamiento de Madrid a fondos buitre.

quienes no tenemos una vivienda en propiedad. Si tenemos en cuenta el aumento de personas viviendo en alquiler, la falta de organización y derechos del inquilinato, y la ofensiva de los caseros por aumentar sus rentas —especialmente tras la llegada de los *fondos buitre* y la expansión de las inmobiliarias como «intermediarios»—, nos encontramos con un contexto de pérdida de derechos y de empobrecimiento brutal de todas las clases populares, y en especial de aquellas que no poseemos una vivienda en propiedad, sectores altamente feminizados y compuestos principalmente por población joven, migrante y racializada.

La resaca de la crisis del 2008 nos ha dejado claro que no volveremos a una situación donde el horizonte sea tener una vivienda en propiedad, y somos cada vez más las personas para las que el alquiler es, actualmente, la única opción para garantizar nuestro derecho a la vivienda. Para hacer frente a esta situación, en mayo de 2017 se lanzó la iniciativa de construir tanto el Sindicato de Inquilinas en Madrid como el Sindicat de Llogaters en Barcelona.

# 14
## Los Sindicatos de Inquilinas e Inquilinos

A las inquilinas no nos salen las cuentas con nuestros sueldos y los precios de los alquileres. Mientras tanto, los caseros no nos devuelven las fianzas, ignoran las peticiones de reparaciones, nos imponen subidas abusivas o directamente no nos renuevan los contratos de alquiler. La vivienda en alquiler se ha convertido en un nicho de mercado para fondos de inversión internacionales y pequeños inversores, y el turismo, la gentrificación y la especulación en nuestras ciudades dinamita el tejido social, nos expulsa de nuestros barrios y nos hace la vida imposible.

Todos estos cambios económicos han dado lugar a la llamada «generación inquilina»: una capa creciente de la sociedad que ni ha podido acceder ni accederá a una vivienda en propiedad que le garantice el derecho a la vivienda, un grupo cada vez más numeroso que vive a diario las consecuencias de no tener control sobre su propia vivienda. Aunque los datos en materia de vivienda siempre son escasos, podemos desmontar algunos de los mitos sobre quiénes formamos parte de la generación inquilina:

- La mayoría de la gente que vive de alquiler no es joven: el 65 % tiene más de 35 años.

- A las más jóvenes (entre 16 y 29 años) les cuesta cada vez más emanciparse, con una tasa de emancipación del 15,9 % en 2023, la mitad de la media de la Unión Europea (31,9 %).

- La mayoría de la gente que vive de alquiler no heredará: siete de cada diez inquilinas no esperan heredar en el futuro.

- Alrededor del 70 % de la población migrante vive de alquiler, muchas veces en situaciones precarias como subarriendos.

Ante esta situación, consideramos fundamental que las inquilinas nos organicemos para hacer frente a la crisis de la vivienda y revertir esta situación. Tal y como hemos explicado, existen desde hace décadas sindicatos de inquilinas por toda Europa que han cosechado múltiples victorias gracias al apoyo mutuo, la solidaridad, la movilización y los conflictos colectivos. Asimismo, reivindicamos la fecunda tradición de las luchas inquilinas de principios del siglo XX y las luchas por el derecho a la ciudad y de las Plataformas de Afectadas por la Hipoteca de las últimas décadas. Sabemos que visibilizando el problema, enfrentándonos a los especuladores y presionando a las instituciones públicas podemos conseguir que el acceso a la vivienda sea, de verdad, un derecho garantizado.

Por este motivo lanzamos a partir de 2017 los Sindicatos de Inquilinas e Inquilinos en el Estado español, de Barcelona a Madrid pasando por Málaga o Zaragoza. Para frenar los abusos de los propietarios a través de la acción sindical y directa. Para organizar campañas contra la especulación y los desahucios. Para pasar a la ofensiva mediante la organización de base, bloque a bloque, calle a calle, barrio a barrio. Para incidir en la legislación sobre los derechos del inquilinato y en las políticas públicas de vivienda. Para crear un movimiento que luche por la desmercantilización de la vivienda y de las sociedades, y que ponga a las personas en el centro y no al capital.

Para conseguir todo esto, apostamos por una acción sindical fuerte, que nos permita hacer visible el conflicto que supone vivir de alquiler, centrada en el apoyo mutuo, que nos organice colectivamente, nos permita pasar a la ofensiva y que sea interseccional. Queremos construir un poder popular fuerte y organizado que nos permita ir paso a paso para cambiarlo todo.

Ya somos miles de afiliadas en todo el Estado plantando cara a fondos buitre como Blackstone y a pequeños rentistas que se aprovechan de la desigual relación de poder. Pero tenemos que ser muchas más. ¡Ayúdanos a crecer y únete a tu sindicato más cercano!

## RESUMEN DE LA SECCIÓN

**5. Los fondos de inversión.** Estos «fondos buitre» operan con una lógica de explotación rápida, maximizando beneficios sin arraigarse en el mercado local. En España, aprovechando el bajo precio de las propiedades tras la crisis de 2008, grandes fondos como Blackstone compraron miles de viviendas, transformando la propiedad en una fuente de beneficio sin preocuparse por el impacto social.

**6. La SAREB.** Creada por el gobierno para rescatar a los bancos tras la crisis de 2008, la SAREB gestionó miles de propiedades que, en vez de destinarse a un parque de vivienda pública, se vendieron para beneficio privado, fortaleciendo el modelo especulativo.

**7. Estructura rentista y tipos de caseros.** Los caseros se dividen en entidades jurídicas (como bancos y fondos de inversión), personas físicas (propietarios individuales) y la administración pública. Pese a que la mayoría de los caseros tiene solo una vivienda en alquiler, un pequeño grupo de grandes propietarios controla una porción significativa del mercado, contribuyendo al alza de precios y al empobrecimiento de las inquilinas.

**8. Intermediarios inmobiliarios.** Las agencias inmobiliarias, plataformas y otros intermediarios aumentan las rentas y limitan los derechos de los inquilinos. A menudo funcionan en favor de los propietarios y aplican políticas que benefician a grandes intereses inmobiliarios dificultando el acceso a la vivienda.

**9. La patronal inmobiliaria.** Este grupo de presión, compuesto por grandes empresas y fondos de inversión, influye en las políticas de vivienda para proteger sus intereses.

Se adapta a los cambios del mercado y opera en el ámbito de los alquileres, buscando maximizar beneficios y evitando regulaciones.

**10. El rol de los medios de comunicación.** Los medios, con vínculos con el sector inmobiliario, suelen promover discursos que favorecen a los propietarios y frenan las reformas en favor de los inquilinos. Estos discursos enmascaran la realidad y refuerzan mitos que dificultan los cambios legislativos en favor de la vivienda digna.

**11. Campañas contra la okupación y empresas de desokupación.** Estas campañas y empresas criminalizan la okupación para proteger la propiedad privada, a menudo utilizando métodos parapoliciales y apoyando intereses de grandes propietarios. En muchos casos, se manipula el miedo social para desviar la atención de los problemas reales de acceso a la vivienda.

**12. Luchas y políticas de vivienda en Europa.** En diferentes países de Europa, las políticas y luchas de vivienda han evolucionado según el contexto de cada Estado. Los Sindicatos de Inquilinos han impulsado regulaciones como el control de rentas y la ampliación de los contratos de alquiler en algunos países, destacando cómo las políticas públicas pueden asegurar el acceso a una vivienda digna.

**13. Luchas y políticas de vivienda en España.** A través de huelgas de alquileres y movimientos sociales, los inquilinos han defendido sus derechos en España, luchando contra el desalojo, la especulación y la precariedad. Hoy, el crecimiento de los Sindicatos de Inquilinas ha revitalizado esta lucha, promoviendo cambios legislativos y organizando una red de apoyo para enfrentar la especulación.

**14. Los Sindicatos de Inquilinas e Inquilinos.** Estos sindicatos son una respuesta a las dificultades de la «generación inquilina», un grupo social cada vez más amplio que se enfrenta a altos precios, precariedad y exclusión del mercado de propiedad. Los sindicatos buscan empoderar a las inquilinas para desafiar el sistema rentista y proponen la creación de un mercado de vivienda accesible y justo.

# III. LAS BASES DE NUESTRA LUCHA

Hasta ahora hemos analizado tanto el papel que juega la vivienda y el sector inmobiliario en los procesos de acumulación como el rol que juegan los diferentes actores. También hemos visto la relevancia de los procesos de lucha a la hora de influir sobre el Estado y el modo en el que este interviene sobre estos procesos de acumulación. Sin embargo aún nos queda por tratar cuál es nuestro papel en todo esto. ¿Cómo queremos organizarnos? ¿Cuáles son nuestros objetivos a medio y largo plazo? ¿Qué elementos políticos debemos priorizar? ¿Cómo podemos hacer para escalar los conflictos y nuestra capacidad de influir socialmente?

A lo largo de los siguientes apartados desgranaremos la importancia del sindicalismo como método de lucha y la particular manera de entender y aplicarlo que tenemos desde el Sindicato de Inquilinas. Además, situaremos la lucha sindical en un marco estratégico más amplio, entendiendo que ningún conflicto aislado, ya sea sectorial o territorialmente, podrá ser capaz de acumular la suficiente capacidad de movilización e influencia como para llevar a cabo las transformaciones sociales que necesitamos.

El poder popular aparece como una guía estratégica que nos permite ver más allá de los conflictos particulares y los ciclos de movilización. Así, nuestra apuesta por la confluencia de las diferentes luchas surgidas de los múltiples conflictos que mantiene abiertos el capitalismo contemporáneo nos abre la puerta a organizarnos más allá de la vivienda y a ver los problemas desde una perspectiva amplia. Los diferentes actores que luchan desde una gran diversidad de posiciones y sobre una heterogénea fuente de conflictos tenemos que actuar como un sujeto múltiple que logre alianzas sólidas y aúne fuerzas suficientes para enfrentar una realidad igualmente diversa pero que nos golpea a todas.

# 15
## Sindicalismo de base

Lo cierto es que no solo es importante organizarse sino que también es importante cómo se hace y con qué objetivos. Por ello, apostamos por el sindicalismo de base como estrategia centrada en la participación directa y activa de todos los miembros con el propósito de construir comunidades fuertes y lograr cambios significativos y duraderos. No elegimos este enfoque por capricho sino porque sabemos que nadie vendrá a solucionar nuestros problemas de vivienda por nosotras y porque si las inquilinas no cambiamos el sistema (de vivienda), que sufrimos cada día, no lo hará nadie. Por ello, nuestra forma de hacer sindicalismo pretende empoderarnos con el fin de construir poder popular allí donde se genera el conflicto: en las propias viviendas, en los bloques, en los barrios y pueblos.

Esta forma de hacer sindicalismo, por supuesto, no es nueva. Nos sentimos herederas del sindicalismo revolucionario y el anarcosindicalismo de la Confederación Nacional del Trabajo (CNT), que se creó en 1910 y que impulsó en España una revolución social de gran calado durante la Guerra Civil. Esta forma de hacer sindicalismo tampoco es algo del pasado, sino que en los últimos años está cogiendo un impulso internacional que actualmente se ve reflejado en el nuevo sindicalismo laboral estadounidense, donde en los últimos tiempos ha destacado la sindicalista Jane McAlevey.

## La herencia del sindicalismo revolucionario

La carta de Amiens de 1906, texto fundacional del sindicalismo revolucionario francés y que fue trasladado por el anarcosindicalismo ibérico, puso los cimientos de una nueva forma de entender el sindicalismo. Este se entendía no únicamente como vía de conquista de algunos derechos sino, sobre todo, como núcleo de la futura nueva sociedad. Por lo tanto, no se trataba simplemente de mejorar nuestras condiciones, ya sean laborales o de vivienda, sino de organizarnos para acabar con el problema de fondo que está en el propio sistema que genera la explotación: ya sea el trabajo asalariado, que nos hace vivir para trabajar, o el rentismo, que nos hace trabajar para vivir.

Con este objetivo, el Sindicato es entendido como una escuela de lucha que nos debe proporcionar los aprendizajes, materiales y morales, para construir una nueva sociedad. Solo así se puede entender la necesidad de apostar por la acción directa, la autonomía y la democracia directa de las trabajadoras. Si la clase trabajadora se organizó en la CNT fue porque era la mejor herramienta para luchar y tomar sus propias decisiones colectivas, en asambleas de fábrica, tajo o barrio, fomentando una estructura descentralizada y participativa, sin intermediarios.

La CNT también subrayaba la importancia de sacar el sindicalismo de la fábrica y por ello construyó estructuras en cada barrio con el fin de fomentar unas relaciones sociales antagónicas y que prefiguraran desde el presente el futuro que querían construir. Así, florecieron por todo el territorio miles de ateneos, escuelas populares, cooperativas de consumo y de producción, grupos culturales, naturistas y deportivos a través de las cuales transformaban sus propias vidas. De esa concepción se deriva que la primera gran huelga de alquileres fuera protagonizada por el Sindicato de la Construcción de Barcelona que, para hacer frente a la situación de paro generalizado y alza de los alquileres, decidió organizar a las inquilinas de la ciudad con el propósito de bajar el precio de los alquileres a través de la huelga y la acción directa.

Tal y como hemos mencionado anteriormente, después de la Segunda Guerra Mundial, la gran mayoría de los sindicatos del Norte global fueron integrados dentro del sistema y comenzaron a cavar su propia tumba mediante un modelo de concertación social. Este modelo, basado en el pacto y el diálogo con la patronal y las instituciones públicas, se convirtió en un fin en sí mismo, disminuyendo y controlando cada vez más el conflicto que tantos éxitos había dado anteriormente. Los sindicatos empezaron a vivir de las luchas pasadas, se burocratizaron e institucionalizaron. La gran ofensiva del neoliberalismo que, a la vez que transformaba el sistema productivo, destruía cualquier tipo de organización colectiva de los trabajadores, no modificó la estrategia de concertación. Los principales sindicatos se mantuvieron en esta línea pese a que ello significó la gran crisis del sindicalismo, reduciendo drásticamente los niveles de afiliación y de los trabajadores protegidos por conquistas sindicales.

De todas las figuras que han luchado por devolver al sindicalismo a sus orígenes podemos destacar a Jane McAlevey, reconocida organizadora sindical estadounidense, que ha logrado revitalizar en las últimas décadas muchos de los principios de este sindicalismo de base después de preguntarse por qué las conquistas de derechos de las últimas décadas eran tan efímeras y otras más antiguas como la jornada laboral de ocho horas han sido capaces de resistir más de cien años. Las conclusiones de McAlevey la han llevado a afirmar la necesidad de organizarse en torno a la construcción de un poder real y sostenible en el tiempo. Para ello se centra en cuatro conceptos:

1. Participación masiva: las campañas exitosas requieren de la participación activa de una amplia base. Esto implica que nos organicemos desde los espacios que habitamos de manera natural, nuestras viviendas, nuestro trabajo, nuestro barrio, con

el fin de tratar de involucrar a la mayor cantidad posible de personas en la toma de decisiones y en la acción colectiva. No basta con que un día nos movilicemos porque ese proceso no es capaz de generar unas relaciones sociales que rompan con las dinámicas sistémicas

2. Estructuras participativas y transparentes: la organización debe estar estructurada de manera democrática, permitiendo que todos los miembros tengan voz y voto en las decisiones importantes. Esto fortalece el compromiso y la cohesión del grupo

3. Liderazgo emergente: McAlevey aboga por identificar y desarrollar líderes dentro de la base. Estos líderes emergen de la comunidad y están profundamente conectados con las necesidades y aspiraciones de sus compañeros. Además, el liderazgo siempre debe estar sujeto a las decisiones de las bases.

4. Acción directa y negociación colectiva: la combinación de la acción directa con la negociación estratégica es esencial para lograr victorias significativas. La acción directa puede incluir huelgas, manifestaciones y ocupaciones, mientras que la negociación colectiva asegura que se obtengan concesiones tangibles.

Asimismo, McAlevey hace una distinción entre tres tipos de sindicatos, defendiendo el modelo de sindicato de base:

• Los sindicatos de servicios, centrados en el ámbito legal a través del asesoramiento individual y luchas en los juzgados, y que consiguen victorias judiciales pero no modifican la correlación de fuerzas entre las clases sociales ya que buscan el pacto social con la patronal y el gobierno para mejorar la legislación.

• Los sindicatos de movilización, centrados en la repercusión mediática de sus acciones, capaz de conseguir victorias en conflictos en los que no sea necesario una resistencia sostenida y mantenidos por una minoría activista convencida que realiza todas las tareas y se ve como agente del cambio. Estos sindicatos aprovechan la ola de indignación para lograr objetivos específicos sobre temas socialmente relevantes.

- Los sindicatos de base, que buscan reivindicaciones ampliamente sentidas a través de conversaciones uno a uno entre las bases para llevar a cabo su acción sindical, con el fin de construir supermayorías capaces de imponerse sobre cualquier poder. Las activistas son «organizadoras» que activan al resto, dotan de agencia a las afiliadas y distribuyen tareas. Muchas de ellas vienen de entornos no politizados previamente, y se centran en hablar con los no convencidos. En resumen, este tipo de sindicatos entiende que el conflicto y la construcción de poder popular de forma duradera son la vía para transformar la sociedad.

Los Sindicatos de Inquilinas pretendemos adoptar estos principios para organizarnos eficazmente y enfrentar los desafíos del mercado inmobiliario y la especulación. Desde el Sindicato de Inquilinas de Madrid hemos creado un *Manual de organización inquilina*,[1] reflejando los principios del sindicalismo de base y nuestra experiencia de lucha. Al fomentar la participación activa, la solidaridad y la acción directa, los Sindicatos de Inquilinas pueden construir el poder inquilino necesario para desafiar las injusticias y transformar la sociedad.

---

[1] Sindicato de Inquilinas de Madrid, *Manual de Organización Inquilina*, Madrid, Fundación Rosa Luxemburgo, 2023.

# 16
## Poder popular

Otro de los conceptos básicos de nuestra forma de entender el sindicalismo es la idea, tampoco novedosa, de poder popular. Existen numerosos ejemplos y experiencias en la historia de los movimientos anticapitalistas de la construcción de poder popular, como pueden ser la Comuna de París de 1871, la revolución española de 1936 o el levantamiento y posterior construcción comunitaria del Ejército Zapatista de Liberación Nacional (EZLN) en 1994. Aunque puede haber diferentes visiones sobre lo que es el poder popular, podemos partir de la definición que nos proporciona Miguel Mazzeo, miembro de los movimientos piqueteros argentinos, como «el proceso a través del cual los lugares de vida (de trabajo, de estudio, de recreación, etc.) de las clases subalternas se transmutan en célula constituyente de un poder social alternativo y liberador que les permite ganar posiciones y modificar la disposición del poder y las relaciones de fuerza y, claro está, avanzar en la consolidación de un campo contrahegemónico».[2] Es decir, es el proceso en el que los espacios cotidianos de las clases populares se transforman en puntos clave para construir un poder colectivo que desafía y reconfigura las relaciones de poder, impulsando un cambio hacia nuevas alternativas liberadoras.

---

[2] M. Mazzeo y F. Stratta, «Introducción» en *Reflexiones sobre el poder popular,* Buenos Aires, Editorial El Colectivo, 2007.

Por lo tanto, el poder popular responde tanto al fin, el establecimiento de una sociedad sin explotaciones ni opresiones, como al medio, qué debemos hacer hoy por hoy para ir construyendo un proceso poscapitalista. Para quienes apostamos por la vía del poder popular, implica la acumulación de un tipo de poder con estas cuatro características:

1. Dialéctica constituyente-destituyente. El poder popular debe asumir dos funciones simultáneas e igual de importantes: la primera es la de establecer un contrapoder, un movimiento de oposición, conflicto y lucha con lo establecido (es decir, destituir las estructuras de opresión existentes; demostrar que están caducas); la segunda, construir un poder popular desde abajo que se presente como punto de apoyo y retroalimentación de esta lucha (es decir, constituir una nueva forma de relacionarnos y organizarnos entre nosotras).

   Un ejemplo histórico de esta dialéctica es la experiencia de las Panteras Negras en los Estados Unidos durante la década de 1960. Para las Panteras Negras, el conflicto social y político con el Estado les permitió acumular fuerza social en forma de centros sociales, comedores populares, escuelas y medios de comunicación. Estos recursos no solo resolvían las necesidades materiales de sus miembros, sino que también intensificaban su conflicto con el Estado y demostraban cómo la alternativa de organizarse desde abajo era la más útil.

2. Poder prefigurativo. El poder popular trata de adelantar al presente las relaciones e instituciones de la sociedad por la que luchamos. Es un poder que implementa las formas de vida deseadas aquí y ahora, sin esperar a la revolución. La política prefigurativa o anticipativa busca resolver un dilema histórico para los movimientos antisistémicos: cómo construir un sujeto político revolucionario que sea capaz de llevarnos al día de la revolución sin defraudarnos al día siguiente de su realización. Por ello, sin renunciar al enfrentamiento, se apuesta por que la única forma de avanzar hacia un

horizonte emancipador es practicando nuevas relaciones sociales alejadas de toda dominación.

Muchos movimientos sociales han seguido y siguen estos principios. Por ejemplo, en los centros sociales okupados se practican formas cooperativas de relación, lejos de la mercantilización que vivimos, y en muchos grupos feministas se ha puesto el foco en abordar la resolución de conflictos desde una perspectiva no punitiva con el fin de acercarnos a un futuro con una justicia restaurativa. Desde los Sindicatos de Inquilinas no hemos realizado una lucha para que cambiara la ley y así frenar las subidas de los precios de los alquileres, sino que nos hemos organizado para frenar esas subidas nosotras mismas a través de la estrategia «Nos Quedamos» sin esperar a que lo diga una ley.

3. Poder heterogéneo. El poder popular reconoce la diversidad y complejidad de nuestras sociedades y por ello entiende que la tarea política principal no es reunir a quienes ya comparten los mismos intereses, sino construir un sujeto múltiple a través de un proceso de luchas, pactos y alianzas complejas. Aunque las clases sociales existen (burgueses y proletarios), la sociedad no está simplemente dividida en dos. Es algo mucho más complejo, subdividido y contradictorio. El poder popular entiende que no existe un único sujeto destinado a acabar con el capitalismo, sino que ese sujeto debe ser construido (unidad en la diversidad) a través de la lucha social. Por ello, recurre a la categoría de «pueblo», no interpretada de una manera sociológica («como soy trabajador, soy pueblo»), sino más bien política («como soy sindicalista, formo parte del pueblo»). Así, el pueblo es la articulación de los diferentes sectores oprimidos que, a través de la lucha conjunta, buscan los puntos comunes que les unen. Por desgracia, hoy el pueblo está ausente de la política y por ello nuestra principal tarea para transformar la sociedad es constituirnos conjuntamente como pueblo.

4. Poder autónomo. La autonomía, un concepto complejo y polisémico, se refiere en este contexto a la independencia política. El poder popular implica tener una agenda política propia, unas instituciones propias, unos objetivos y formas de organización independientes, no necesariamente aisladas de la política institucional, pero sí con capacidad para actuar de forma independiente y, en los casos en que lo consideremos necesario, ejercer la presión necesaria sobre las instituciones de gobierno para que nuestras demandas se conviertan en victorias. El Estado capitalista moderno se extiende por la totalidad, no como una cosa, sino como una relación social que impregna y da forma a nuestras vidas. El poder popular sabe que todavía no existe por sí mismo fuera del Estado, pero lucha contra él. Es decir, el poder popular es más un intento de construir algo paralelo y conflictivo aprovechando sus contradicciones que un intento de escapar o de mantenerse al margen.

# 17
## Confederación

Como hemos comentado anteriormente, los Sindicatos de Inquilinas son la herramienta que hemos creado las personas que no tenemos control sobre nuestra vivienda para hacer frente a los abusos de nuestros caseros, pero también para transformar el modelo de vivienda y la sociedad en la que vivimos. Somos conscientes de que desmercantilizar la vivienda no es posible dentro de los marcos del sistema capitalista, heteropatriarcal y racista. Además, las inquilinas no solo tenemos que afrontar nuestros problemas respecto a la vivienda sino que nuestro día a día está atravesado por múltiples opresiones (de clase, género, racialización, origen…) que impiden que podamos desarrollar una vida plena. Y estos problemas de fondo, bajo el estado actual de las cosas, solo se pueden profundizar. Vivimos en una situación de crisis multidimensional o «policrisis». Estos conceptos se refieren a la coexistencia y entrelazamiento de múltiples crisis en ámbitos diversos —económico, social, político, ecológico, entre otros— que interactúan y se refuerzan mutuamente. A diferencia de una crisis aislada, en una policrisis los problemas se agravan en tanto están conectados, lo que dificulta encontrar soluciones efectivas, así como gestionar sus consecuencias de manera sostenible.

La crisis de la vivienda y del alquiler convive con una crisis ecosocial, con una crisis laboral y productiva de largo alcance, con una crisis de reproducción social tras décadas de privatización y embates neoliberales, con un aumento del racismo y de la extrema derecha, y con crisis derivadas de conflictos bélicos, entre muchas otras manifestaciones. La policrisis es un síntoma de cómo el capitalismo enfrenta cada vez más dificultades para reproducirse: cada una de estas crisis es una expresión de sus contradicciones y desequilibrios, que se vuelven cada vez más convulsos, profundos y frecuentes, haciendo que los ajustes y reestructuraciones se conviertan en una necesidad constante.

Al repensar los antagonismos y la lucha de clases en este contexto, lo primero que podemos concluir es que estos desequilibrios no pueden combatirse de forma aislada. Las luchas sectoriales son fundamentales y pueden constituir frentes estratégicos para acumular fuerzas, crecer como bloque y ganar posiciones. Sin embargo, son insuficientes, en la medida en que resulta imposible superar la lógica del capital de manera fragmentada. Una victoria en un sector puede simplemente desplazar los costes y contradicciones hacia otras áreas, impulsando cambios en el modo de acumulación pero sin superarlos de forma estructural. La lucha por el salario, si no se acompaña de la lucha por la vivienda, lleva al empobrecimiento de los trabajadores inquilinos. La lucha ecologista, si no integra la vivienda y el salario, puede provocar gentrificación verde y aumentar las dificultades de reproducción para las clases populares. Estas luchas, si no están atravesadas por el antirracismo como eje articulador, facilitarán el desarrollo de un neoliberalismo autoritario de extrema derecha como respuesta a la crisis, sustituyendo la lucha de clases por luchas entre sectores desfavorecidos.

En la coyuntura actual, la confederación de estas luchas representa el punto de partida para construir formas organizadas de contrapoder. Un bloque histórico que se articula a partir de la potencia política ya constituida en organizaciones que luchan desde el feminismo, el sindicalismo laboral, el ecologismo y el antirracismo, donde la lucha de los inquilinos es un frente más de articulación.

Desde esta perspectiva, la lucha de los inquilinos configura un frente estratégico para generar organización, acumular fuerzas y promover procesos de formación de este bloque social. Estas luchas aspiran en última instancia a construir un bloque histórico que se transforme en un proyecto de mayorías, con un carácter contrahegemónico, sindical, inclusivo y articulador, que exponga las contradicciones del capitalismo contemporáneo y fortalezca experiencias de clase cada vez más profundas.

Cuando hablamos de confederación estamos pensando en un espacio organizativo, no en una simple coordinadora de colectivos, que asegure que nuestros conflictos y luchas escalen. Una propuesta que nos dé la oportunidad de compartir recursos, espacios de formación política conjuntos y, a largo plazo, genere instituciones populares colectivas, así como espacios de autonomía económica colectiva. Esta apuesta nos debería permitir abarcar todos los conflictos desde una perspectiva común.

En definitiva, queremos poner las bases para la construcción de un sindicalismo que ponga la vida —y no solo el trabajo o la vivienda— en el centro. Un sindicalismo de base que debería extenderse desde los espacios naturales que habitamos cada día y en los que surgen las resistencias ante cada una de las opresiones que vivimos. Un sindicalismo integral que se enfrente a todas las dimensiones de la crisis y que, a su vez, sea capaz de dibujar una estrategia conjunta colectivamente. Un sindicalismo revolucionario que no espera a la toma del poder para prefigurar con sus luchas la vida que buscamos. En definitiva, un sindicalismo, tal y como defendía Salvador Seguí, que «empiece siendo un arma económica de defensa pero que termine siendo una agrupación política de los postulados de la libertad».

## RESUMEN DE LA SECCIÓN

**15. Sindicalismo de base**. Apostamos por el sindicalismo de base, centrado en la participación directa y la acción colectiva en los espacios que habitamos. Este modelo busca empoderar a las inquilinas para construir poder popular desde abajo, tomando como referencia el sindicalismo revolucionario de la CNT y figuras actuales como Jane McAlevey. Con un enfoque en la democracia interna, la acción directa y el liderazgo desde la comunidad, los Sindicatos de Inquilinas se organizan para desafiar eficazmente el sistema rentista y lograr cambios profundos y duraderos.

**16. Poder popular.** El poder popular es tanto un medio como un fin. Pretende crear estructuras autónomas que nos permitan acumular fuerzas a nuestra manera. Basado en la participación colectiva, es un poder transformador que adelanta las relaciones sociales justas por las que luchamos. El poder popular permite a las inquilinas enfrentar la opresión en sus múltiples formas y construir redes de apoyo que desafían al sistema desde una postura autónoma y comunitaria.

**17. Confederación**. Más allá de cada sindicato o movimiento, buscamos una confederación que una luchas y recursos para enfrentar las múltiples crisis que vivimos. Esta confederación no es un simple espacio de coordinación, sino una apuesta estratégica por construir un sindicalismo integral que incluya todos los ámbitos de la vida. Con una visión anticapitalista, este sindicalismo quiere poner la vida en el centro y actuar como una verdadera herramienta de transformación social.

# IV. ESTRUCTURAS ORGÁNICAS

En el anterior capítulo hemos explicado las apuestas estratégicas que entendemos clave para hacer frente a la crisis de la vivienda en la que nos encontramos y, por supuesto, al sistema rentista causante de esta crisis. Pero, ¿cómo lo hacemos? Nuestras apuestas estratégicas necesitan de un lugar en el que materializarse, necesitan apuestas organizativas sobre las cuales asentarse y ponerse en práctica. Tenemos claras las bases de nuestra lucha, pero ¿cómo nos organizamos? ¿Cómo participa la base en nuestro modelo de sindicalismo? ¿Cómo se construye en el día a día el poder popular? ¿Cuáles son nuestras formas de hacer hacia dentro y hacia afuera de nuestra organización?

Desde su nacimiento, los Sindicatos de Inquilinas e Inquilinos tenían un planteamiento claro: construir una organización estable con capacidad de sostenerse a través de recursos propios. Todo ello, con vistas a lograr una gran implantación y participación. Para aterrizar este modelo de Sindicato, en las siguientes páginas describimos las claves organizativas que hemos ido construyendo para sostener nuestro modelo.

# 18
## Afiliación

La afiliación cumple fundamentalmente tres funciones:

1. *Autonomía económica y material:* las cuotas de afiliación son la forma que los Sindicatos de Inquilinas tenemos para dotarnos de autonomía material, que nos permitan no depender ni de subvenciones de los poderes públicos, ni del apoyo material de organizaciones externas. La cuota de afiliación es, históricamente, un ejercicio de fraternidad obrera, que permite juntar recursos propios para, a través de procesos democráticos, plantar cara a diferentes tipos de explotación y opresión. Para los Sindicatos de Inquilinas, consolidar una fuente sostenible de recursos materiales propios es crucial a la hora de sostener el funcionamiento diario del Sindicato, el asesoramiento colectivo entre las inquilinas y sobre todo para permitir sostener los conflictos en el tiempo. Los recursos van fundamentalmente destinados al salario de nuestras compañeras remuneradas, a cubrir los gastos materiales de las campañas y a generar una caja de resistencia para proteger a las inquilinas que estén en medio de un conflicto.

2. *Democracia interna y participación:* la figura del afiliado es la forma básica y mínima de participación en el Sindicato. El afiliado tiene derecho a participar de todos los espacios de militancia del Sindicato

y, sobre todo, tiene derecho a voz y voto durante las asambleas anuales de afiliados. En las asambleas anuales de afiliados se deciden las líneas estratégicas del Sindicato: se votan campañas, planes estratégicos, se hace balance sobre el curso anterior y se ejerce un control sobre el funcionamiento anual del Sindicato (objetivos cumplidos, presupuesto anual, etc.).

3. *Poder y representación:* la última función de la afiliación es poder contarnos, tener una idea del poder que acumulamos año tras año, y poder presentarnos ante los poderes públicos y nuestros adversarios (la patronal inmobiliaria) como un agente fuerte e indispensable, un sujeto a tener en cuenta cuando se tomen decisiones en materia de vivienda. En tan solo unos años, hemos conseguido más de 5.000 afiliados en todo el Estado; ¡y esto no ha hecho más que empezar!

En síntesis, la afiliación nos fortalece como organización: nos dota de autonomía, consolida una base de recursos materiales, fomenta una cultura democrática y nos proporciona representatividad.

# 19

## Territorialidad: construir comunidad desde el conflicto y el arraigo

Los Sindicatos de Inquilinas nacieron con un enfoque regional, metropolitano, cubriendo varias ciudades de una misma comunidad autónoma a la vez. Este objetivo nos ha permitido desarrollar una enorme capacidad a la hora de generar conflicto sin anclarnos a un territorio pequeño como podría ser un barrio, especialmente cuando nos organizamos por propietario. Un ejemplo clave fue la lucha contra Blackstone, la primera negociación colectiva de este tamaño dentro del movimiento de vivienda en España. Este hito marcó un antes y un después, demostrando la fuerza de la organización conjunta de las inquilinas que compartían un mismo casero. Sin embargo, también hemos enfrentado un desafío estructural importante: la baja densidad organizativa.

Esta baja densidad se traduce en la dificultad para mantener el Sindicato en un territorio una vez finalizado un conflicto concreto. La falta de encuentros cotidianos entre las inquilinas debilita los lazos de apoyo mutuo, lo que dificulta extender estas redes más allá del ámbito de la vivienda. Sin una base territorial sólida, es complicado tejer vínculos que den lugar a lo que aspiramos: instituciones populares capaces de entrelazar diversas luchas y necesidades del territorio.

Estos años de experiencia nos han llevado a comprender que, aunque es imprescindible superar la lógica estrictamente barrial en ciudades como Madrid o Barcelona —tanto para escalar los conflictos como para avanzar hacia un modelo de ciudad diferente—, anclarnos al territorio resulta esencial. El arraigo territorial no solo fortalece nuestra base organizativa, sino que también establece los cimientos para comunidades de lucha capaces de politizar problemáticas más amplias. La territorialidad, por tanto, se revela como una de las claves para pasar a la ofensiva.

En esta fase, estamos priorizando el desarrollo de secciones territoriales con actividad propia. Estas estructuras descentralizadas permiten que las inquilinas de cada barrio o distrito construyan dinámicas más sostenibles y autónomas, fortaleciendo los vínculos locales y potenciando el impacto del Sindicato. Cada uno de estos espacios se convierte en un motor de organización cotidiana y en una trinchera a la hora de enfrentar la especulación y construir una ciudad para quienes la habitan, no para el capital.

Creemos firmemente que esta apuesta por la territorialidad no solo es una estrategia para el presente, sino una visión para el futuro: comunidades organizadas, solidarias y con la capacidad de transformar las ciudades desde sus barrios y distritos. Porque la lucha por la vivienda es solo el principio de un proyecto colectivo mucho más ambicioso: la creación de un tejido social organizado a todas las escalas desde la base, presente en cada barrio y municipio pero articulado y coordinado a escala nacional e internacional, con el fin de plantar cara a un sistema rentista que representa una amenaza global. En definitiva, un movimiento capaz de reinventar nuestras formas de vivir y convivir.

# 20
## Organización democrática: claves para la lucha colectiva

El Sindicato es una organización democrática que se fundamenta en la transparencia y la rendición de cuentas hacia su afiliación, garantizando que todas las personas que forman parte del proyecto puedan incidir en las decisiones y en el rumbo colectivo. Esta democracia interna se complementa con una estructura flexible que fomenta la participación abierta, creando espacios accesibles y dinámicos con el fin de implicar a todas las afiliadas.

Todas las personas que comparten los valores y objetivos del Sindicato pueden afiliarse de manera libre y voluntaria, siguiendo los requisitos recogidos en los estatutos. En los últimos años, el crecimiento en el número de afiliadas ha ido acompañado de la expansión territorial y la consolidación de nuevas formas de organización, como las secciones sindicales específicas por propietario o territorio, que nos dotan de una potencia colectiva mucho mayor, ya que nos permiten salir del asamblearismo y dejar de considerar la asamblea como el único espacio de toma de decisiones. En su lugar, nos empezamos a constituir como un movimiento capaz de actuar a muchos niveles de forma simultánea y organizada, aterrizando nuestras apuestas y expandiéndonos hacia nuevos territorios.

El núcleo de la organización democrática del Sindicato se refleja en sus órganos de decisión. Estos se han diseñado para garantizar que las decisiones estratégicas sean colectivas y que todas las afiliadas tengan la posibilidad de participar:

- Asamblea anual de afiliadas. Es el espacio de mayor participación, donde todas las afiliadas deliberan y definen las líneas estratégicas del Sindicato. Aquí se decide el marco general que guía las acciones colectivas durante el año.

- Plenarias. Se celebran cada varios meses y están abiertas a aquellas afiliadas que participan activamente en las comisiones de trabajo o secciones sindicales. Estas plenarias aterrizan las líneas estratégicas en hojas de ruta concretas, asegurando que la planificación sea operativa y realista.

- Secciones sindicales. La base de la participación y del poder organizativo del Sindicato reside en las secciones sindicales, espacios dedicados a la autoorganización de los conflictos:

  - Sección por propietario / inmobiliaria. Estas secciones aumentan la capacidad de generar conflictos directamente con grandes actores del capital inmobiliario, como fondos de inversión o inmobiliarias. Se organizan mediante asambleas específicas por propietario y tienen el potencial de articular luchas a nivel estatal e incluso internacional.

  - Sección territorial. Estas secciones politizan conflictos con caseros de todo tipo, fomentando la creación de comunidades en lucha que trascienden la problemática de la vivienda. Su actividad principal incluye asesoramiento colectivo y la vinculación de las afiliadas con otras luchas territoriales.

- Comisiones de trabajo. Son espacios dedicados a desarrollar estrategias políticas y operativas más allá de las dinámicas diarias de las secciones sindicales. Cada comisión está formada por grupos de trabajo que abordan distintos aspectos de la organización:

- Acción sindical. Diseña estrategias de presión y campañas contra prácticas abusivas, además de desarrollar formación sindical.

- Comunicación. Construye un discurso contra-hegemónico sobre la problemática del alquiler y promueve el relato del Sindicato.

- Organización. Trabaja en la estructura interna y en la expansión territorial y sectorial del Sindicato.

Esta diversidad de espacios se corresponde, igualmente, con una pluralidad de itinerarios de participación en el Sindicato. Asumiendo que no todas las afiliadas tenemos la misma disponibilidad ni los mismos intereses, hemos creado diferentes vías para empezar a formar parte del Sindicato y que cada una de nosotras pueda iniciarse en la lucha contra el rentismo:

1. *Acude a convocatorias del Sindicato* (buzoneo, pegadas, brigadas inquilinas, puestos en la calle, etc):

  - Mantente atenta a convocatorias, compártelas con tus redes personales y acude a las que puedas.

  - Involúcrate en las brigadas inquilinas de tu zona para seguir dando a conocer el Sindicato y llegar a más gente.

2. *Participa en la asamblea de tu zona* (general o de nodo):

  - Acude a las asambleas de tu zona y participa en ella: aportando ideas y asumiendo tareas según tu disponibilidad (no te preocupes, ¡nunca estarás sola!).

- Si puedes, pásate por el punto de apoyo a acompañar en algunas tareas a otras afiliadas (sobre todo si tienes las mañanas libres).

3. *Organiza tu propio bloque:*

- Lee nuestro *Manual de organización inquilina* y empieza a poner en práctica sus consejos.

- Recuerda que el Sindicato te puede apoyar en las tareas que vayas haciendo por tu cuenta (buzoneo, mapeo, primera asamblea, etc.).

- Pásate por la asamblea del nodo del SI de tu zona para compartir actualizaciones y/o la sección por propietario si compartes casero con otros bloques.

- Acude a nuestras formaciones de la escuela sindical.

4. *Forma parte de una comisión del Sindicato:*

- En el Sindicato existen actualmente tres comisiones: acción sindical, comunicación, y organización y extensión.

- Escoge la que más te interese y acude a sus reuniones quincenales.

- Encuentra tu forma personal de participar, cada comisión tiene sus propios grupos de trabajo (brigadas inquilinas, formaciones, estrategia antirracista, redes sociales, presión institucional, etc).

5. *Crea un nuevo nodo territorial:*

- Participa en algún espacio del Sindicato durante varios meses para entender mejor cómo funcionamos. Puede ser la asamblea inquilina, de nodo, una comisión, etc.

- Mientras tanto, ve buscando a gente afín de tu zona para crear un pequeño grupo motor del posible nodo.

- Apóyate en la comisión de organización y extensión para ir dándole forma dependiendo del contexto de tu zona.

Así, las vías de participación van desde acciones de agitación, como las brigadas inquilinas o la difusión de contenidos y acciones, hasta la participación en espacios orgánicos como son las secciones territoriales o por propietario, o bien las comisiones de trabajo, además de la organización en tu propio bloque.

El Sindicato entiende que la democracia interna no es solo un principio organizativo, sino una herramienta clave para empoderar a sus afiliadas y construir poder colectivo. Esta estructura fomenta comunidades fuertes y autónomas, preparadas para enfrentarse al capital inmobiliario y transformar los territorios en espacios más justos y habitables.

Este modelo organizativo no solo permite abordar los conflictos inmediatos de vivienda, sino que también siembra las bases para politizar otras problemáticas y tejer alianzas amplias, convirtiendo al Sindicato en un motor de cambio social integral.

## RESUMEN DE LA SECCIÓN

**18. Afiliación**. La afiliación es la base del Sindicato y cumple tres funciones esenciales: (1) Proporcionar autonomía económica y material, sin depender de otras fuentes de financiación y permitiendo cubrir salarios, campañas y caja de resistencia; (2) generar una cultura de democracia interna y participación, donde todas las afiliadas tienen voz y voto; (3) otorgar poder y representación, reflejando nuestra fuerza frente a otros actores como la patronal inmobiliaria.

**19. Territorialidad**. La organización regional y metropolitana permite escalar conflictos contra grandes rentistas, además de construir alianzas más allá de la vivienda. Para consolidar el arraigo en los barrios y aumentar la densidad organizativa, existen secciones territoriales que fomentan la autoorganización en los distritos.

**20. Organización democrática**. Se basa en transparencia y participación con espacios como la Asamblea Anual de Afiliadas, plenarias de toma de decisiones estratégicas, secciones sindicales (por casero o territorio) y comisiones de trabajo (Acción Sindical, Comunicación y Organización). Es importante saber proporcionar múltiples formas de participación según el nivel de disponibilidad o compromiso de cada afiliada, para fomentar una participación inclusiva y sostenible.

# V. HERRAMIENTAS SINDICALES

En los siguientes capítulos vamos a hacer un repaso de las diferentes herramientas sindicales que desde 2017 hemos ido elaborando para desarrollar nuestra fuerza colectiva y conseguir ganar miles de conflictos a todo tipo de rentistas.

Estas herramientas no han sido siempre las mismas. Con el paso de los años se han ido creando, adaptando o eliminando algunas, ya que con la práctica hemos ido aprendiendo colectivamente qué funcionaba y qué no. Algunas de estas herramientas las hemos heredado de la PAH, otras del sindicalismo laboral o de otros movimientos antisistémicos de los que nos sentimos parte. La idea, por lo tanto, no es la de hacer un catálogo cerrado de herramientas sino explicar por qué las usamos, además de que sirvan como fuente de inspiración para otras nuevas que están por inventarse.

El orden de las herramientas en esta sección es el orden lógico que sigue una inquilina que llega al Sindicato con un conflicto con su casero. No todas son útiles en todo tipo de conflictos pero lo importante es mantener siempre la prioridad de la organización colectiva.

.

# 21
## La asamblea inquilina

Las asambleas son el espacio desde el que desarrollamos las estrategias de nuestra acción sindical, donde decidimos qué acciones tomaremos para resolver conjuntamente nuestros problemas de vivienda. Cada asamblea es un espacio donde pasar de la vulnerabilidad, a la hora de afrontar nuestro problema de vivienda de manera aislada, al empoderamiento colectivo. Cuando te acercas por primera vez a una asamblea, te das cuenta de que el apoyo mutuo no es palabrería sino una realidad con la que queremos cambiar el mundo. Tener el respaldo de otras inquilinas que han pasado por situaciones similares conlleva un cambio en nuestra subjetividad individualista. La cantidad de miedo que traemos disminuye a medida que crece la rabia que sentimos contra los verdaderos culpables de esta situación. Por eso es importante que las asambleas inquilinas no se transformen en asesoramientos individualizados o técnicos, porque solo luchando colectivamente y tomando las riendas de la situación podemos hacer frente tanto a nuestro conflicto individual como al problema más general.

Desde esta perspectiva colectiva afrontamos los abusos de nuestros caseros. Frente a la resignación, elegimos luchar por nuestros derechos. La legislación nunca acabará con la relación de explotación que sufrimos las inquilinas, por ello nuestras prácticas siempre van más allá de la judicialización, defendiendo la desobediencia civil frente a leyes injustas o la presión a los caseros para conquistar nuestros derechos. Todas las personas que vivimos de alquiler tenemos un problema de vivienda, porque ser inquilina es un conflicto en sí mismo. Por ello, si queremos que nuestra acción sea más potente, necesitamos pasar a la ofensiva y llegar antes de que el problema llegue a su fase más aguda. No podemos esperar a que nuestra asamblea se convierta en el último recurso de quienes tienen un problema de vivienda: debemos promover otras acciones como las brigadas inquilinas, vincularnos con otras luchas por el territorio, etc.

Para que nuestra lucha contribuya a cambiar la sociedad en la que vivimos, es importante recordar que nuestro modelo de organización de base persigue la construcción de un poder popular en los espacios donde se genera el conflicto: en las propias viviendas, en los bloques, en los barrios y municipios.

Como decíamos, las asambleas inquilinas son el principal espacio de apoyo mutuo, asesoramiento colectivo y politización de nuestros sindicatos. Por su propia naturaleza existen al menos dos tipos de asambleas inquilinas:

- *La asamblea territorial,* en la que nos unimos sobre la base del barrio en el que vivimos para plantar cara a todo tipo de caseros e inmobiliarias. En los últimos años, la extensión territorial ha sido una prioridad de los Sindicatos, ya que esto permite estar allí donde surge el conflicto a la vez que posibilita la creación de comunidades fuertes, sólidas y estables en el tiempo. Siguiendo la estela de los ateneos y las casas del pueblo en el siglo XX, apostamos por ampliar nuestra lucha y confederarla con otras con el fin de ampliar nuestro ámbito de acción. Quienes nos juntamos en las asambleas inquilinas de nuestro barrio no solo compartimos problemas de vivienda sino también la precarización del trabajo, el deterioro de los servicios públicos, las graves consecuencias de la crisis ecosocial o la falta de ocio disponible. Por ello, desde cada sección territorial apostamos por la creación de centros sociales junto a otras organizaciones que sirvan como encuentro y socialización, y que a su vez puedan dar una respuesta conjunta a todos los problemas que vivimos en nuestra vida cotidiana.

- *La asamblea de bloque,* en la que nos juntamos cuando el casero de nuestra vivienda es a su vez el propietario de todo el bloque. En estas situaciones, el poder que tenemos las inquilinas aumenta potencialmente. Esto es así porque si conseguimos organizarnos de forma eficiente en este ámbito seremos capaces de transformar nuestra vida en el bloque, no solo porque lo habitamos, sino también porque vamos a tener el control efectivo del mismo. En el caso de que nuestro casero tenga varios bloques, desde el Sindicato se fomenta también la creación de secciones sindicales por propietario con el fin de desarrollar estrategias comunes más allá de nuestro territorio. Como veremos en los siguientes apartados, este tipo de organización es muy importante a la hora de aumentar nuestra capacidad real de ganar conflictos al capital inmobiliario. Aunque de forma más minoritaria, también hay algunas asambleas de bloque mixtas en las que todas las convivientes se organizan con el fin de tratar problemas comunes como es el caso de los pisos turísticos o la dejadez de los rentistas.

# 22
## «Nos Quedamos»

Los Sindicatos de Inquilinas e Inquilinos nacimos para hacer frente a una situación que hacía insostenible la vida de quienes vivimos de alquiler. Nuestro nacimiento trajo consigo una estrategia novedosa que tenía dos objetivos: (1) anticiparse al conflicto antes de tener que parar un desahucio en puerta y (2) frenar las subidas abusivas del precio del alquiler o las expulsiones injustificadas una vez finalizaban los contratos de alquiler.

La historia común durante estos años era la siguiente: tres años después de firmar tu contrato de alquiler, el propietario te enviaba un burofax comunicando una subida de precio completamente desproporcionada (hemos llegado a ver subidas de hasta un 300 %) o no te renovaba el contrato sin justificación alguna (más que sus ansias de especular). Ante esta situación, las inquilinas hacían las maletas apresuradamente mientras buscaban un piso en otra zona porque ya no se podían permitir seguir viviendo en su barrio de toda la vida. A este fenómeno le llamamos *desahucios invisibles* porque, sin necesidad de que llegue la policía a echarte a la puerta de tu casa, el propietario tiene el poder de la ley para expulsarte.

Frente a esta situación, los Sindicatos de Inquilinas propusimos actualizar la insumisión que el movimiento de vivienda había generalizado en la etapa anterior mediante los llamados Stop Desahucios. Se había logrado detener decenas de miles de desahucios, gracias a un procedimiento que consistía en que una gran cantidad de personas se reunía en la puerta e impedía el acceso a la comisión judicial que daba inicio al desahucio. Ahora, la desobediencia llegaba antes. Poco después de recibir ese primer burofax que *de facto* nos expulsaba de nuestras casas, el miedo cambiaba de bando: el propietario también recibiría un burofax en el que su inquilina, con el respaldo del Sindicato, le comunicaba que no abandonaría la vivienda hasta llegar a un acuerdo para un nuevo contrato que considerara justo. Así, la frustración y el miedo se transforman en lucha y desobediencia a unas leyes criminales. Este cambio de mentalidad, frente a la clásica sumisión al casero, implica una nueva insumisión inquilina que los Sindicatos de Inquilinas están extendiendo a toda la relación rentista-inquilina.

El primer paso es, por lo tanto, confrontar la injusticia y no abandonar la vivienda ni aceptar la subida de precio. No obstante, esto no es suficiente, ya que casi ningún propietario acepta sentarse a negociar después de esta primera respuesta sindical. La estrategia de «Nos Quedamos» supone mucho más que simplemente permanecer en nuestras casas pagando el mismo alquiler sin aceptar la subida abusiva. Se trata de una estrategia integral, que va desde investigar a la propiedad para saber a quién nos enfrentamos, hasta planificar una serie de acciones que obliguen a la propiedad a sentarse a negociar un nuevo contrato, como hacer público el conflicto tanto en redes sociales como a través de los medios de comunicación con el fin de ganar apoyos y deslegitimar el rentismo.

Hay una parte importante en todo esto: desobedecer una ley injusta implica exponerse a una demanda judicial y a un procedimiento sin posibilidad de ganar desde un punto de vista legal. No obstante, esto nos permite aprovechar los largos tiempos judiciales para presionar a la propiedad y llegar a un acuerdo, porque solo luchando y organizadas podemos ganar. De hecho, gracias a esta estrategia, hemos logrado frenar miles de subidas abusivas y expulsiones, tanto de pequeños como de grandes propietarios. Y cada una de estas victorias no es individual, sino colectiva; cada inquilina que hace «Nos Quedamos» no lucha solo por ella misma, sino por ir conquistando nuestro derecho colectivo a permanecer en nuestros hogares.

Por ejemplo, frente a las subidas abusivas en el precio del alquiler que trataba de imponer Blackstone, el mayor gestor privado de activos inmobiliarios del Estado español, inquilinas de diferentes barrios y municipios de Madrid se organizaron primero en 2019 y luego en 2021. Dieron curso a la denuncia pública, la movilización y la presión vecinal a través del conflicto #MadridVsBlackstone, con el objetivo de negociar colectivamente nuevos contratos y oponerse a las subidas de renta de hasta un 100 %. Tras meses de organización colectiva y de resistencia #NosQuedamos con las inquilinas fuera de contrato, el fondo buitre cedía a la presión y accedía a sentarse a negociar con el Sindicato. Comenzaba así una negociación colectiva que dio lugar meses después a la firma de cientos de nuevos contratos de alquiler.

# 23
## Bloques en lucha

La estrategia de «Nos Quedamos» no llegó sola, sino que se implementó de manera interrelacionada con una nueva forma de organización en la lucha por la vivienda: los bloques en lucha.

Un bloque en lucha surge cuando varias personas del mismo edificio se unen para exigir una negociación colectiva con su casero, ya sea siguiendo la estrategia de «Nos Quedamos» u otras. Aunque los bloques de propiedad vertical (edificios que pertenecen al mismo propietario) han existido siempre, el potencial político y organizativo de los bloques en lucha se multiplicó a partir de 2013, debido a la alfombra roja que las instituciones públicas dieron a los especuladores, así como al aterrizaje de fondos de inversión en nuestras ciudades mediante la compra de bloques enteros de vivienda. Gracias a cambios legislativos como la menor duración de los contratos, su operación era mucho más rentable: compraban el inmueble, enviaban un burofax mediante el cual expulsaban a las vecinas, realizaban reformas mínimas y aumentaban desorbitadamente los precios de los alquileres. Durante el proceso, si alguna inquilina decidía resistir, implementaban cortes de suministros, introducían plagas o directamente contrataban a personas para extorsionar a estas inquilinas, lo que se conoce como *mobbing o acoso inmobiliario*.

Una condición básica de la organización sindical es que la única negociación posible con el casero sea colectiva. Esta norma vincula directamente el futuro de una persona con el de sus vecinos, lo que produce un imaginario basado en la idea de que solo se puede ganar si tu vecino también gana. Los caseros, por su parte, suelen resistirse a la negociación colectiva y tratan de instaurar negociaciones individuales, ofreciendo soluciones variadas y arbitrarias a diferentes hogares para sembrar la desconfianza y fragmentar el grupo. Sin embargo, estas prácticas a menudo refuerzan el sentimiento de pertenencia entre individuos hasta entonces aislados. Los edificios se transforman en espacios en disputa, los balcones y ventanas se llenan de pancartas. En urbanizaciones compuestas por varios edificios, las pancartas se extienden de un bloque a otro. Los espacios comunes (entradas, patios, escaleras) dejan de ser lugares de tránsito para convertirse en lugares de encuentro. Los vecinos se informan y apoyan mutuamente, se cuidan y comparten los miedos o dudas que puedan tener, y se crea un fuerte vínculo interno. La relación entre ellos no vuelve a ser igual.

La organización de bloques en lucha en torno a la estrategia sindical «Nos Quedamos» representa huelgas parciales e indefinidas de alquiler. Durante el tiempo que dura la campaña, se interrumpe parcialmente el proceso rentista, ya que el propietario no puede extraer toda la renta que el mercado y la legislación le permiten. Por tanto, se trata de una acción que incide directamente en el proceso de acumulación y en el precio del activo. Las inquilinas sindicalizadas que desafían a sus caseros y a la legislación rentista son una barrera al proceso de acumulación, sobre todo en un mercado cuyos mecanismos de fijación de precios están determinados a partir de expectativas de revalorización futura. ¿Qué expectativas puede tener un inversor sobre un inmueble en el que los inquilinos se declaran en huelga, desobedecen al casero y no aceptan las subidas? Décadas de legislación neoliberal en materia de vivienda y suelo han consistido en transformar el entorno urbano y las viviendas en activos líquidos, pero la lucha sindical interrumpe este proceso, haciéndolo mucho más rígido y farragoso. De la misma manera que las huelgas de trabajadores desafiaron y definieron el carácter del capitalismo industrial, estas huelgas de alquileres se erigen como contrapunto al capitalismo rentista, marcando un paralelismo histórico en la evolución de la resistencia social frente a las distintas modalidades de explotación capitalista.

En la última década, miles de personas se han organizado de esta manera. Muchas han vivido durante años en situación de huelga indefinida e incluso se han enfrentado a procedimientos judiciales. La mayoría han ganado, aun teniendo la legislación en su contra. De esta forma, se ha derrotado a los grandes fondos de inversión que operaban en el país, como Blackstone, Goldman Sachs o Azora, pero también a inmobiliarias de menor tamaño e incluso a caseros con una sola vivienda en alquiler (los mal llamados «particulares»).

La lógica de estas campañas consiste en señalar que el problema no es la inquilina, sino la mercantilización de la vivienda y la legislación que posibilita el proceso de acumulación rentista. El problema no es que la gente no pueda pagar el alquiler, sino que los caseros tienen el beneplácito legal para subir el precio todo lo que quieran al cabo de unos años, o a desahuciarnos sin motivo. La organización en bloques en lucha no consiste en encontrar mecanismos que garanticen la estabilidad en la vivienda de las inquilinas de forma individual, sino de que las inquilinas se organicen e impliquen en el Sindicato y, a través de la lucha sindical, se enfrenten al sistema rentista y al marco jurídico-legislativo que los ampara. Nuestra estrategia consiste en que la estabilidad habitacional se logre a partir de la lucha colectiva y de construir instituciones sindicales y comunidades políticas en lucha.

Con el paso de los años, hemos ido desligando la organización de bloques en lucha de la estrategia «Nos Quedamos» para impulsar todo el potencial transformador de los primeros, ya que cada bloque puede ser el principio de un nuevo sistema de vivienda y de vida. Los bloques son un lugar central desde donde reconstruir el vínculo social y articular comunidades que prefiguren la sociedad que queremos construir. Así podemos cambiar la situación contradictoria que sucede con mucha frecuencia en la actualidad, donde hay cercanía espacial pero al mismo tiempo un gran aislamiento social. No conocemos a nuestras vecinas y vecinos, aunque llevemos años viviendo pared con pared. La organización y la lucha conjunta son una manera de crear esos lazos, que nos permiten vivir mejor al tiempo que transformamos la sociedad en la que vivimos. Cuando nos suben el alquiler, nos organizamos en el bloque para resistir y quedarnos. Durante la pandemia de covid o frente a fenómenos meteorológicos como la tormenta Filomena, también nos organizamos en el bloque para ayudarnos y salir adelante juntas.

¿Por qué no hacerlo más y con más intensidad? ¿Por qué esperar a situaciones de crisis o excepcionales para organizarnos? Podemos transformar nuestros edificios en comunidades energéticas, en comunidades de cuidados, compartir más recursos u organizar compras colectivas a través de grupos de consumo. Todo esto lo podemos hacer desde ya, empezando a organizarnos en nuestro bloque en distintos ámbitos para, el día de mañana, impulsar cooperativas integrales en cesión de uso, que abarquen tanto la cuestión de la vivienda como el resto de elementos fundamentales de la reproducción social.

# 24
## Organización por propietarios

La concentración de la propiedad no solo demuestra la injusticia de que las inquilinas tengamos que pagar para garantizar un derecho básico, mientras los caseros se enriquecen a nuestra costa, sino que nos enseña el camino que debemos seguir si queremos que nuestra lucha sea efectiva. Cuando los caseros son dueños del edificio entero, suelen poseer otros edificios y nos imponen las mismas cláusulas y prácticas abusivas a todas las inquilinas. Por ello, para plantar cara de la forma más eficiente y con más poder, necesitamos juntar al mayor número de inquilinas del mismo casero. Si lo conseguimos, la balanza de poder entre el casero y todas nosotras se verá más equilibrada.

La sección sindical es la figura que hemos recuperado en el Sindicato para agrupar a todas las inquilinas de un mismo propietario y luchar de forma estable en el tiempo. Esta figura es esencial para que organicemos nuestra lucha a la escala a la que los rentistas organizan sus inversiones. Si nuestro casero posee miles de viviendas, no solo en Madrid, sino también en otras partes del Estado y del mundo, nuestra lucha debe ser internacional. ¿Qué pasaría si el 90 % de las inquilinas de un mismo propietario deciden hacer una huelga de alquileres? Lejos de ser una pregunta retórica, se trata de una cuestión fundamental que va tomando cada vez más fuerza: fue una de las principales propuestas del Primer Encuentro

Internacional de Sindicatos de Inquilinas, celebrado en Barcelona en abril de 2024, y que contó con la presencia de más de 60 organizaciones de todo el mundo. Creemos que en ese contexto nuestro poder es casi ilimitado y nos hace tener el control sobre nuestras propias viviendas.

Este tipo de organización sindical no se aplica solamente a inquilinas que comparten un mismo propietario, también puede extenderse a aquellas que, por ejemplo, comparten inmobiliaria. ¿Qué pasaría si todas las inquilinas de Alquiler Seguro, una de las agencias inmobiliarias más conocidas y detestadas de España, se pusieran de acuerdo en llevar a cabo una huelga colectiva y coordinada? Pues que, como los propios directivos de Alquiler Seguro reconocieron en una entrevista televisada en octubre de 2024, la empresa no estaría preparada para soportar esa posibilidad.

# 25
## Acciones

Las acciones son manifestaciones puntuales de desobediencia civil con el objetivo de ejercer presión y avanzar en la victoria de una reivindicación concreta. Son una de las herramientas más utilizadas en los contextos de protesta y lucha social, y existe un amplio repertorio de acciones: ocupaciones, sabotajes, cortes de carretera, ocupaciones de plazas o calles, boicots a determinados actos, escraches, encadenamientos etc. Su utilidad principal para nuestra organización consiste en escalar los niveles de conflicto en momentos estratégicos, permitiéndonos obtener victorias, pero para ello resulta necesario que el trabajo de organización previo haya dado sus frutos. Es decir, para que una acción sea exitosa, necesitamos contar con un gran grupo de personas convencidas de su utilidad y de su importancia. Las acciones suponen solo un paso más en el conflicto, una herramienta que utilizamos para nuestros intereses.

En el movimiento de vivienda, las acciones han sido variadas, así como sus objetivos. Pero en muchas ocasiones, han supuesto un punto de inflexión para la victoria en diversos conflictos. Desde que aparece en 2011 la Plataforma de Afectados por las Hipotecas (PAH), destacan dos tipos de acciones con objetivos concretos.

En primer lugar, los #StopDesahucios. A través de la desobediencia civil, estas acciones consisten en la paralización de los desahucios mediante la concentración de militantes, activistas, simpatizantes y vecinos de las personas en conflicto con la entidad inmobiliaria (banco, fondos de inversión, rentistas, SOCIMIs), que disponen sus cuerpos en las puertas de las viviendas, intentando impedir la actuación de la comisión judicial y de la policía, evitando el desahucio.

Hasta 2015, la Plataforma de Afectados por la Hipoteca (PAH) y otros colectivos de vivienda en España realizaron acciones de desobediencia civil con el fin de parar los desahucios, recibiendo mucha atención por ello. Estas protestas involucraron a cientos de personas dispuestas a impedir los desalojos, lo que generó una amplia cobertura mediática y presión pública. Para el Sindicato de Inquilinas de Madrid, el conflicto de la calle Argumosa 11, en el barrio de Lavapiés, fue un proceso muy importante. La unión y la resistencia colectiva de todas las vecinas del bloque, que se enfrentaban a un desahucio masivo a manos de la propiedad, que quería transformar sus hogares en pisos turísticos, consiguió paralizar más de una docena de intentos de desalojo. Aunque terminaron perdiendo sus hogares en febrero de 2019, el impacto de su lucha fue determinante a nivel estatal, ya que la repercusión de estas acciones fue significativa tanto en la opinión pública como en la arena política. Tras el desalojo de Argumosa 11, se desataron debates sobre la reforma de la Ley de Arrendamientos Urbanos (LAU). Aunque en un principio no se contemplaba prolongar la duración de los contratos de alquiler, la presión ejercida por este evento llevó al presidente del gobierno en ese momento, Pedro Sánchez, a reconocer que la política había fallado a la hora de abordar la cuestión. Como resultado directo de estas movilizaciones, se firmó una ampliación en la duración de los contratos de alquiler, evidenciando el impacto tangible de la resistencia civil organizada en la política de vivienda en España.

En segundo lugar, podemos agrupar un conjunto de acciones que tienen como objetivo ejercer presión sobre un conflicto en desarrollo. Normalmente, estas acciones se desarrollan para presionar a los caseros, a la patronal inmobiliaria o a partidos y representantes políticos que colaboran y representan los intereses del sector inmobiliario. En la totalidad de los conflictos, estas acciones suponen un punto de inflexión para alcanzar la victoria. Existen una gran variedad de acciones dentro del movimiento de vivienda y específicamente en el Sindicato de Inquilinas, que van desde ocupaciones de sedes, pegadas informativas, escraches, concentraciones y manifestaciones. Para hacer un repaso de ellas y entender su utilidad, veamos ejemplos de cada una de ellas:

- *Ocupación de sedes*: esta acción recurrente en el movimiento de vivienda consiste en ocupar sucursales de bancos o sedes de fondos buitre, inmobiliarias u otras empresas, o sedes de la administración pública o de partidos políticos. Los activistas entran en la sede con pancartas y cánticos de denuncia, y lo graban para denunciarlo en las redes sociales y en los medios. El objetivo es forzar una negociación o denunciar las prácticas que están llevando a cabo. Un ejemplo sería la ocupación simultánea de dos hoteles propiedad del fondo buitre Blackstone en Madrid y Barcelona, en el año 2022, para presionar de cara a la negociación colectiva.

- *Escraches*: esta acción consiste en señalar la responsabilidad directa de una persona, ya sea un ejecutivo de una empresa o de un fondo, o un político. En 2022, Joan Clos, exalcalde de Barcelona y exministro del PSOE, fue escrachado por el Sindicato de Inquilinas de Madrid. En aquel entonces Clos ejercía como Presidente de la patronal inmobiliaria ASVAL. Durante un acto, activistas del Sindicato irrumpieron desde el público con pancartas y cánticos, denunciando los vínculos de Clos en el PSOE para ejercer presión sobre el gobierno contra la regulación de los precios de los alquileres. Al día siguiente, el Sindicat de Llogaters y Llogateres escracheaba a la ministra de Transportes, Movilidad y Agenda Urbana, Raquel Sánchez, para reclamar la regulación inmediata de los alquileres. En este caso los activistas también irrumpieron desde el público en un acto público.

- *Acciones de denuncia:* señalamiento directo a empresas o instituciones públicas o privadas, por medio de llevar a cabo pegadas de carteles, pegatinas o pintadas a lo largo de toda la fachada de las sedes, señalándoles como culpables. En 2023 se realizaron este tipo de acciones en decenas de inmobiliarias que estaban cobrando honorarios a las inquilinas de forma ilegal.

En definitiva, la naturaleza del movimiento de vivienda está ligada a la desobediencia civil organizada. Estas acciones suponen una parte fundamental para la consecución de la victoria en muchos de los conflictos.

# 26
## Brigadas inquilinas

Las brigadas inquilinas son una estrategia de acción sindical muy utilizada por el Sindicato de Inquilinas. Por lo general, las organizaciones de vivienda tenemos una posición de resistencia: esperamos que nos contacten personas con problemas de vivienda y que acudan a nuestras asambleas para organizarnos y actuar. En muchos casos, estas personas ya se encuentran en una situación urgente y desesperada, lo que da más poder a su casero.

Desde el Sindicato de Inquilinas, hemos decidido ser nosotras quienes pasemos a la ofensiva y nos adelantemos al conflicto, sin necesidad de esperar a que nuestros caseros nos quieran subir el alquiler o echar de la vivienda. Vemos necesario empezar a organizarnos mucho antes, ya que ser inquilina es un conflicto en sí mismo. Todos los meses transferimos una parte muy importante de nuestros ingresos a nuestros caseros simplemente porque son más ricos que nosotros y se hacen aún más ricos con nuestro alquiler. Mientras tanto, nosotros nos empobrecemos. Además, estamos sujetos a que de un día para otro decidan enviarnos un burofax para echarnos de la vivienda, lo que nos empuja a la inestabilidad, a la inseguridad y a todo tipo de abusos. Por tanto, si ser inquilina es un conflicto en sí mismo, no tenemos que esperar a nuevos abusos de los caseros, y tenemos que organizarnos y empezar a luchar por nuestros derechos desde el primer momento.

Para hacerlo posible, creemos que es necesario dar un paso adelante, salir de la etapa anterior marcada por la resistencia ante los ataques de los caseros y pasar a la ofensiva para mejorar nuestras condiciones de vida. Para ello, hemos desarrollado herramientas como las brigadas inquilinas con la premisa «¿quieres que baje tu alquiler?». Ya no esperamos a que alguien con un problema grave de vivienda se acerque al Sindicato, sino que es el propio Sindicato el que busca y potencia de forma proactiva los diferentes conflictos que sufrimos todas las inquilinas por el hecho de serlo.

En mayo de 2023, lanzamos las primeras brigadas inquilinas, con el objetivo de mapear bloques de propiedad vertical en distintos barrios y municipios de Madrid, y de escuchar, informar y organizar a sus inquilinas. En estas primeras brigadas inquilinas, más de 100 personas visitamos en torno a 1.500 viviendas en siete barrios y municipios de la Comunidad de Madrid. Desde entonces, las brigadas inquilinas se han convertido en un repertorio sindical fundamental con el que se experimenta de diversas formas, bajo la premisa de interactuar y politizar a la generación inquilina y poner en práctica uno de nuestros principios fundamentales, el de pasar a la ofensiva y tomar la iniciativa de nuestras luchas.

# 27
## Negociación colectiva

Los propietarios de activos inmobiliarios destinados al mercado del alquiler disfrutan de ventajas significativas a la hora de maximizar sus beneficios, lo que contrasta con la debilidad de las personas inquilinas respecto a su capacidad para alterar las condiciones impuestas por la propiedad. Por un lado, la ley actual no establece límites al precio de los alquileres, lo que implica que cuando el periodo legal de un contrato de alquiler termina, el propietario puede fijar una nueva cuantía con total libertad e impunidad; por mucho que la ley vigente en España en 2024 permite que las comunidades autónomas apliquen este límite, la inmensa mayoría de ellas no lo hace, sin importar el partido que gobierne. Por otro lado, la relación contractual se establece entre particulares mediante una relación individual, lo que permite a la propiedad presionar, filtrar y elegir a las personas que ocuparán su activo. Esto deja a las inquilinas en una situación de inseguridad, con escasa capacidad para hacer frente a subidas abusivas y con un margen limitado de negociación.

El desarrollo de conflictos colectivos y la agrupación de inquilinas que se enfrentan a una problemática similar (como subidas abusivas, no renovación de contratos o cláusulas abusivas) y comparten al mismo propietario, permite romper con esta dinámica de desigualdad en las negociaciones. Las inquilinas somos la parte débil de la negociación porque si nos negamos a firmar un precio o determinadas cláusulas «Nos Quedamos» sin la casa que necesitamos para vivir. Por eso la única solución es unirnos y ejercer un poder conjunto para poder negociar en pie de igualdad. Cuando se cerró la primera parte de la campaña *Madrid vs. Blackstone,* uno de los inquilinos en lucha sentenció: «Hoy nos sentimos vencedores: hemos sentado al mayor propietario de vivienda a negociar con nosotros. Lo que nunca pensamos que iba a ocurrir porque nos quisieron hacer sentir que estábamos solas, ha ocurrido. Y solo ha ocurrido porque nos hemos conocido entre nosotros, nos hemos juntado y hemos decidido que ninguna iba a quedarse atrás».

Por supuesto, no solo vale con juntarse para negociar, si queremos que esas negociaciones nos lleven a la victoria debemos desplegar diferentes herramientas (visibilizar el conflicto, ejercer presión mediática, realizar acciones directas, investigar a la propiedad y sus malas prácticas, recurrir a la vía legal, etc.) que nos permitan tumbar el brazo al poder de los rentistas. Porque, y esto es importante recordarlo siempre, el poder está fuera de la mesa de negociación y es el que terminará decantando la balanza hacia un lado u otro.

El tiempo y la lucha nos han enseñado que el tipo de negociaciones colectivas que desplegamos tiene efectos directos en nuestro desarrollo como sindicato. Por ello, frente al modelo tradicional de opacidad y legalismo en el que uno o varios representantes se sientan a negociar por todo el grupo apostamos por que toda negociación se haga de forma abierta, masiva y transparente. Estos aprendizajes parten de la premisa de que cualquier inquilina está interesada en participar y escuchar como se negocia su contrato de alquiler.

De esta forma, las negociaciones son una herramienta fundamental para democratizar al Sindicato y extender la solidaridad entre todas las inquilinas, generando conciencia de clase contra la propiedad. Abrir las negociaciones a todas las inquilinas puede dar respeto en un principio, pero es la mejor forma de reconstruir confianza en la organización colectiva. Todo lo que queda de puertas para dentro de la sala de negociación son posibles desconfianzas que pueden jugar a favor de los intereses de los rentistas. Cuando puedes escuchar de primera mano las mentiras del casero y los argumentos de tus vecinas, así como tener un papel activo en la negociación, las cosas cambian radicalmente. Sabemos que la negociación no es el objetivo final de ningún conflicto —porque el objetivo final es acumular poder inquilino hasta conseguir victorias—, sino una herramienta con la que demostrar fuerza frente a nuestros caseros; esto lo conseguimos con mucha mayor eficacia cuando implantamos el marco de las negociaciones abiertas y colectivas.

# 28
## La lucha cultural y mediática del Sindicato

Desde el principio, los Sindicatos de Inquilinas consideramos estratégico cambiar la percepción común sobre
las causas del aumento de los precios de alquiler. Esta
lucha de ideas se lleva a cabo en todos los ámbitos, en la
organización y en los movimientos, pero también en el
debate público. Buscamos tener un impacto comunicati-
vo no solo en redes sociales, sino también en los grandes
medios de comunicación.

Salir en los medios es útil para presionar a nuestros
caseros y es parte de la acción sindical en un conflicto
en el que tenemos que generar una conciencia generali-
zada sobre el problema de la vivienda. La organización
inquilina tiene que ir acompañada de un discurso y ar-
gumentario contrahegemónico, capaz de transformar
la opinión de la población sobre la función que debe
cumplir la vivienda en nuestras sociedades. Aunque el
sector inmobiliario tiene grandes altavoces (desde portales inmobiliarios hasta tertulianos), es crucial generar
argumentos críticos y contrarrestar los discursos predo-
minantes en los medios, que generalmente representan
los intereses del sector inmobiliario y los rentistas. No
obstante, debemos tener cuidado con los sensacionalis-
mos y la prensa amarilla. Algunos periodistas buscan un
titular que suene morboso al tiempo que invisibilizan la
lucha colectiva. Por eso, debemos cuidar bien la información que les proporcionamos, y conectar siempre las

situaciones personales con el problema estructural de la vivienda.

Desde nuestros inicios, hemos tenido un fuerte impacto en redes sociales y en los grandes medios de comunicación, lo que nos ha permitido situar nuestros conflictos, posicionamientos políticos y reivindicaciones en el centro de la agenda mediática. En 2017, aunque la prensa ya veía los alquileres como un problema, generalmente se hablaba de esto como un fenómeno natural e inevitable. Se reproducían las voces de supuestos «expertos» (por lo general vinculados a la industria inmobiliaria y sin investigaciones contrastadas) y actores con claros conflictos de interés (como las patronales inmobiliarias), argumentando que los precios aumentaban por una cuestión de oferta: no hay suficiente vivienda para tanta demanda.

Desde el Sindicato, planteamos una perspectiva innovadora respecto al relato dominante y cuestionamos la veracidad de estos expertos nunca antes desafiados. En primer lugar, cuestionamos las dinámicas del mercado de vivienda autorregulado, señalando que se trata de un mercado intervenido y regulado por un complejo entramado de legislaciones y políticas estatales y locales. Lejos de ser un mercado libre que se regula de forma eficiente, el sector de la vivienda está enormemente influido por la acción reguladora de los poderes públicos. Al igual que la burbuja hipotecaria fue creada políticamente, la burbuja de alquiler también ha sido producida por decisiones políticas. En general, todo lo que nos sucede en materia de vivienda —que el casero nos robe gran parte del sueldo, que nos puedan subir los precios, que no nos devuelvan la fianza o no nos arreglen los desperfectos, y que nos puedan echar cuando lo deseen— depende en última instancia de decisiones políticas.

Durante estos años, hemos utilizado los medios de comunicación para difundir casos de inquilinas amenazadas por sus caseros, que sufrían subidas abusivas o desahucios, pero que se organizaban con el Sindicato para luchar por alquileres y condiciones justas. Estas luchas siempre se han vinculado a la estructura política y económica de la vivienda, como la causa fundamental de estos problemas. Así, la narrativa del Sindicato ha sido que la única forma de resolver los problemas de las inquilinas es mediante la autoorganización, ya que solo la existencia de un contrapoder con suficiente fuerza hará que mejoren nuestras condiciones de vida, como aprendimos del sindicalismo laboral más combativo del siglo XX.

La fuerte presencia mediática y los discursos del Sindicato han desnaturalizado los problemas de vivienda, visibilizando los mecanismos políticos que posibilitan estas situaciones y señalando a los responsables. Al mismo tiempo, hemos introducido en el debate propuestas alternativas, como la regulación de los precios de alquiler. Antes del nacimiento de los Sindicatos de Inquilinas, no existía un debate sobre la regulación de precios, pero ahora las encuestas muestran que es una política con fuerte apoyo social. Sin la presencia mediática ni la lucha de los Sindicatos, esto no sería así.

De este modo, los Sindicatos de Inquilinas hemos logrado generar un ambiente de agitación mediática permanente, facilitando cambios culturales sobre cómo analizar los problemas de vivienda, los responsables de estas situaciones y las posibles soluciones. La batalla por el relato ha demostrado que la información es poder, permitiendo afinar los diagnósticos e intervenir con más certeza. La opacidad sobre el funcionamiento del mercado de la vivienda y del alquiler no es casualidad, sino una herramienta para mantener el *status quo*.

Un ejemplo muy claro del poder de los Sindicatos de Inquilinas para desplazar el marco mediático y el relato dominante en los medios de comunicación fue el ciclo de manifestaciones que tuvieron lugar en otoño de 2024 en varias ciudades del Estado. El éxito masivo de asistencia y el intenso trabajo de difusión en todos los barrios y territorios de la ciudad propiciaron que las semanas siguientes a la manifestación el Sindicato tuviese una gran presencia en medios estatales e internacionales, en los que pudimos atacar directamente al rentismo como un sistema injusto, legitimar la huelga de alquileres como una herramienta de lucha y evidenciar que los caseros son unos parásitos que viven a nuestra costa.

# 29
## Estrategias legislativas contrahegemónicas

Estos casos reflejan tres tendencias globales en ascenso durante la última década. La primera es que la política de vivienda ha adquirido una relevancia creciente en las campañas electorales y se ha convertido en un elemento clave en los procesos legislativos. En segundo lugar, las tensiones y conflictos surgidos alrededor de la política de vivienda están llevando, cada vez más, a situaciones de ingobernabilidad y crisis política. Esto se debe en gran parte al papel que juega el alquiler en las economías contemporáneas. En tercer lugar, la lucha legislativa ofrece a los nuevos movimientos una oportunidad crucial para influir en los procesos políticos a gran escala. Aunque frecuentemente sus reivindicaciones no son completamente aceptadas o se aprueban solo en parte, esta lucha legislativa se convierte en un instrumento para acumular fuerza y crecer como contrapoder. Este proceso también genera desafección entre los partidos y sus votantes, lo que puede producir tensiones de representación que conduzcan a crisis políticas.

Empleamos el concepto de «estrategias legislativas contrahegemónicas» para explicar las características de nuestras luchas institucionales y legislativas. Recurrimos a este concepto para señalar tres elementos clave:

1. *El carácter no Estado-céntrico de la acción institucional.* Las luchas legislativas no buscan la representación ni la integración institucional. La presión institucional es un repertorio colectivo más entre muchos otros, que está subordinado al conjunto de la acción colectiva. Pero al igual que el resto de repertorios, es fundamental para crecer, acumular fuerzas y que la organización se constituya en contrapoder.

2. *La acción institucional no es un fin, sino un medio.* No se promueven leyes bajo la premisa (o espejismo) de que estas «garantizarán el pleno derecho a la vivienda». Se trata de promover medidas que interfieran en el proceso de acumulación y de financiarización de la vivienda; de visibilizar los mecanismos y estructuras políticas causantes de las «crisis de vivienda» y de cómo estas benefician a determinados grupos económicos; de introducir instrumentos que empujen hacia la desmercantilización de la vivienda.

3. *La acción institucional como frente de lucha.* La lucha institucional constituye un espacio adicional para definir y producir antagonismo. Dentro de este marco, se ocupan sedes de partidos políticos o se señala a determinados actores económicos. Representa un ámbito adicional de confrontación, sin que sea ni más ni menos crucial que otros, pero cuyo abandono implicaría desechar una importante herramienta de acción. Al igual que otros frentes de lucha, a través de la contienda institucional, la organización se fortalece, se producen nuevas identidades políticas y procesos de subjetivación, al tiempo que se consolidan instituciones sindicales. En definitiva, la lucha legislativa no se puede percibir aislada del conjunto de repertorios del Sindicato.

Desde la creación de los Sindicatos, ha sido prioritario influir e incluso redactar las políticas de vivienda con el fin de cambiar la legislación. Pero esto nunca ha sido un fin en sí mismo, sino un elemento más de la estrategia integral de los Sindicatos, por eso la acción de los mismos se configura de forma no Estado-céntrica. El objetivo no es la representación ni la integración institucional. La intención primordial es impulsar luchas en defensa de las inquilinas, y que el dinamismo de la lucha en sí catalice la creación de instituciones sindicales capaces de reforzar la organización. Una lucha solo se gana si crece y se expande en distintos ámbitos, adoptando así distintas formas. En este sentido, la lucha legislativa no se contempla como un objetivo último, sino como una vía más dentro de un abanico de estrategias de confrontación.

Como se ha visto en apartados previos, los Sindicatos transforman una acción defensiva en un proceso ofensivo, por medio de organizar a las inquilinas colectivamente, bajo tácticas sindicales y luchas prefigurativas que no solo buscan cambios inmediatos, sino que también fomentan la subjetivación y la cristalización de identidades políticas. Cada lucha es, además, un medio para fortalecer al Sindicato, desarrollar instituciones sindicales y acumular fuerzas (aumentar la base de militantes, llegar a nuevos territorios o crecer en afiliados).

A través de la organización frente a rentistas e inmobiliarias, el Sindicato es capaz de organizar conflictos y lograr victorias concretas. Mediante la lucha legislativa, el Sindicato traslada el antagonismo al seno del Estado con el fin de universalizar esas victorias, pues este es quien moldea y estructura todas las relaciones de explotación entre inquilinos y rentistas.

Por supuesto, las propuestas legislativas sindicales no son fácilmente integrables. Forman un corpus de medidas que en su conjunto promueven la desmercantilización integral de los sistemas de vivienda y de suelo, y en ese sentido son antagónicas al Estado. Además, todas las propuestas que se convierten en norma son boicoteadas *de facto* por el capitalismo rentista, así como por las propias administraciones, que raramente velan por su cumplimiento. Pero esto no es una expresión de las limitaciones intrínsecas a la batalla legislativa —ni siquiera dentro del aparato institucional— sino de la desigual correlación de fuerzas entre la patronal inmobiliaria y los Sindicatos, lo que nos obliga a establecer alianzas y aprovechar estratégicamente los cambios de contexto, así como las distintas estructuras de oportunidad política para ensanchar los límites de lo posible. Dicho de forma sencilla, los contenidos de las leyes y sus posibles aplicaciones son una expresión de nuestra lucha. La capacidad de crecer como contrapoder real pasa, en buena medida, por relacionar la batalla contra el rentista, que te asfixia, con la pugna contra el Ministerio de Economía, que es su máximo garante.

A continuación señalamos tres hitos de nuestra lucha legislativa contrahegemónica por otras políticas de vivienda.

*Reforma de la Ley de Arrendamiento Urbanos, LAU (2019).* En diciembre de 2018, el PSOE, de forma unilateral, reformó por Decreto la LAU. Los Sindicatos nos posicionamos en contra de la medida y fuimos actores clave de presión para que el Congreso votara en contra del decreto en enero de 2019. Para ello realizamos diversas acciones, ocupamos la sede del PSC en Catalunya, presionamos al resto de partidos políticos para que votaran en contra y deslegitimamos esta reforma en los medios de comunicación. Un mes más tarde, tras los fuertes desahucios del Bloque en Lucha de Argumosa 11 en Madrid, se volvió a negociar una nueva LAU que sí incluyera algunas de las reivindicaciones de los Sindicatos. Esta fue aprobada en marzo de 2019, y entre otras medidas, se amplió la duración de los contratos de alquiler de tres a cinco o siete años (dependiendo de si el propietario era una persona física o jurídica, respectivamente), al tiempo que se prohibieron las subidas de los precios de los alquileres mientras los contratos estuvieran vigentes (solo se podrían actualizar vinculados al IPC).

*Medidas de excepción durante la pandemia (2020).* Con la declaración del estado de alarma por la covid-19 en marzo de 2020, se aprobó mediante el Real Decreto 11/2020 un paquete de medidas urgentes al que se denominó «escudo social». Entre otras medidas se acordó la suspensión de los desahucios de personas vulnerables o la prórroga de seis meses para los contratos de arrendamiento que finalizaban durante ese periodo. Una vez acabado este plazo, los Sindicatos jugaron un papel esencial presionando para que estas medidas no decayeran y se prolongasen en la legislación subsecuente. Así se logró prorrogar estas medidas no solo mientras duró la pandemia, sino también en el marco de las medidas económicas a propósito de la guerra de Ucrania de 2022. Así se consiguió aumentar la limitación de la actualización de la renta al 2 %, que en caso de seguir vinculadas a las del IPC se hubieran incrementado en más de un 8 %. Cuatro años más tarde del inicio de la pandemia se mantiene la suspensión de desahucio para personas vulnerables.

*Regulación del precio de los alquileres en Catalunya (2021).* El 18 de septiembre de 2020 se logró la que tal vez sea la victoria más épica de los Sindicatos de Inquilinas hasta la fecha: la aprobación de una ley impulsada por los propios militantes del Sindicat de Llogateres, que de manera inmediata suponía que el 80 % de los alquileres en toda Catalunya pasaban a estar regulados de forma estricta. La llei 11/2020 impedía que los precios pudieran subir y obligaba a que los que estaban por encima de la media tuvieran que bajar, aunque hubiera cambio de inquilina. Se aplicaba en todas las zonas urbanas y las sanciones por incumplimiento eran muy duras. En su primer año, logró una reducción de precios del 6 % en los municipios regulados (no así en los no-regulados). Al lado del Mietendeckel de Berlin, se trata de una de las formas de control de precios más ambiciosa desde la Segunda Guerra Mundial, puesto que a medio plazo suponía una reducción gradual de los precios y una reducción de la desigualdad social.

Esta ley es también el producto directo de una larga batalla y es imposible de explicar sin la fuerza de #EnsQuedem [Nos Quedamos], campaña de desobediencia masiva a los alquileres abusivos a la que se adhirieron miles de personas a lo largo de casi tres años en Catalunya (2017-2020). Durante este ciclo, decenas de bloques enteros y también de inquilinos más aislados se organizaron con el Sindicato para impulsar huelgas parciales, y se puso en jaque a todo tipo de rentistas: desde fondos de inversión globales como Blackstone, Azora, Medasil y Optimum hasta grandes propietarios locales como los Mas-Beya Fradera, pasando por multipropietarios como Esther Argerich y muchos otros. Cada uno de estos conflictos se llevó hasta sus últimas consecuencias, con acciones de todo tipo (ocupaciones de inmobiliarias, acciones directas, escraches, juicios, manifestaciones), a menudo llevando al poder inmobiliario y al poder judicial a situaciones límite, que consiguieron centrar la atención mediática.

A ello también hay que añadir la capacidad del Sindicato para poner en jaque al poder político, a pesar de partir de una correlación de fuerzas parlamentarias muy adversa (solo ERC, Comuns y CUP apoyaban la ley inicialmente). Casi nadie creía que fuera posible, pero a través de una campaña que duró un año, los militantes del Sindicato lograron convertir el control de precios en consenso social en Catalunya (con el apoyo de todas las grandes organizaciones de la sociedad civil) y de torcer el brazo a partidos políticos afines al bloque rentista —como Junts, que hasta el último instante trató de tumbarla—. A lo largo de este conflicto, el Sindicato supo combinar muy bien el pulso a los rentistas (con batallas como la de Azora, en todo el territorio) con la crítica al poder político.

La ley estuvo vigente durante un año y medio, hasta que fue tumbada por el Tribunal Constitucional, tras los recursos presentados primero por el PP y luego por el gobierno. Pero sus efectos perduran: fue el factor decisivo que hizo que el PSOE aceptase incluir también una regulación de precios en la Ley de Vivienda estatal, algo que hasta entonces habían impedido.

# 30
## Huelga de alquileres

La huelga de alquiler es una táctica que se ha usado históricamente para protestar contra los precios abusivos de los alquileres, así como contra las nefastas condiciones de habitabilidad de las viviendas. En términos técnicos, podemos decir que la huelga forma parte del repertorio de acción colectiva de los movimientos inquilinos y vecinales desde hace más de un siglo. La forma clásica de huelga consiste en no pagar, de forma intencional y coordinada, las rentas de alquiler, a imitación de la huelga laboral. Mientras que durante las huelgas laborales ausentarse en el trabajo produce un freno en la cadena de producción que pone en riesgo la creación de valor y por ende los beneficios del patrón, la huelga de alquiler confronta el poder de los rentistas por medio del bloqueo del flujo de beneficios que se derivan de la extracción de rentas. La huelga de alquiler, por lo tanto, busca cortocircuitar el proceso de acumulación dejando de pagar de forma coordinada.

Históricamente, el despliegue de las huelgas de alquileres ha ido en paralelo a la historia del movimiento obrero. Si bien es cierto que hay documentadas huelgas de alquiler en el campo preindustrial en tiempos tan remotos como el siglo XV, el surgimiento de las huelgas de alquileres ha ido ligado a la industrialización de las ciudades burguesas, así como a las deplorables condiciones de vivienda de las clases trabajadoras. En la medida en

que se creaba la economía de mercado y se empezaba a
sistematizar la explotación de los trabajadores, también se
creaban los mercados de vivienda en un sentido rentista.
La disciplina de la clase trabajadora bajo el régimen de
producción industrial ha ido así en paralelo a la disciplina
de las inquilinas. Es en este contexto en el que empiezan a
emerger las huelgas de alquiler. Abstenerse de pagar el alquiler era una práctica común a finales del siglo XIX, según
se documenta en los casos de Estocolmo y Berlín, cuando
se crearon asociaciones de caseros para luchar contra esta
forma de protesta de los inquilinos.

Pero no es hasta los inicios del siglo XX cuando las huelgas de alquiler se extienden, convirtiéndose en una ola que
arrasa las nuevas ciudades industriales: se conocen así los
casos de Dublín (1901), Nueva York (1904), Buenos Aires
(1907), Milán (1909), Viena (1910), Leeds (1914), Glasgow
(1915), Nueva York (1917), París (1919), Estocolmo (1920),
Barcelona (1904 y 1931). Las huelgas de alquiler se han
consolidado desde entonces como una forma recurrente
de protesta inquilina, como es el caso de las oleadas de
huelgas de alquiler en Estados Unidos en los años sesenta
y setenta, o de las huelgas de alquiler en las actuales ciudades posindustriales. Hoy en día, las huelgas de alquiler
son tácticas indispensables en la lucha de las inquilinas
que viven en bloques de propiedad de un mismo propietario, a menudo un banco o fondo de inversión.

Aunque se trata de una práctica histórica del inquilinato organizado, en contraste con las huelgas laborales,
las huelgas de alquiler no han sido legalizadas hasta el
punto de ser aceptadas como un derecho político, como sí
se da en el caso de las huelgas laborales. En países donde
ha habido más tradición e historia reciente de huelgas de
inquilinos, sí que se reconoce el derecho de no pagar el
alquiler en caso de que el casero no esté cumpliendo con
sus obligaciones básicas como el mantenimiento o la habitabilidad de la vivienda. De todos modos, las huelgas de
alquiler como forma de protesta más radical contra el precio abusivo de los alquileres no se ha legalizado en ningún

ordenamiento jurídico que tengamos conocimiento. En este sentido, podemos decir que una huelga de alquileres es una forma de protesta transgresora ya que desafía los medios institucionales establecidos. La historia de las huelgas de alquiler nos indica que se trata de una herramienta clave para proteger a las inquilinas frente a condiciones abusivas, así como conquistar nuevos derechos.

Desde los Sindicatos de Inquilinas ya hemos impulsado experiencias de este tipo en el pasado, como la huelga de alquileres durante la pandemia del covid, la huelga de las inquilinas del fondo buitre Nestar, en protesta por el cobro de cláusulas abusivas (como el IBI y el seguro de impago), y nuestra apuesta estratégica actual por avanzar hacia una huelga de alquileres como la que se llevó a cabo en Barcelona en 1931.

# 31
## Cooperativizar los bloques en lucha

La cooperativización de bloques en lucha surge como una herramienta transformadora frente al modelo especulativo que domina el mercado inmobiliario. En un contexto marcado por el aumento descontrolado de los precios, la precariedad habitacional y la presión de fondos buitre y otros inversores, este enfoque ofrece una alternativa colectiva, sostenible y desmercantilizadora que fortalece el tejido social mientras garantiza el derecho a la vivienda.

Cuando un grupo de inquilinas enfrentadas a desahucios o subidas abusivas decide organizarse, pueden optar por constituir una cooperativa de cesión de uso con el fin de adquirir el edificio en el que viven. Este modelo, probado con éxito en diferentes contextos, permite retirar el inmueble del mercado especulativo, asegurar su gestión colectiva y garantizar el acceso a vivienda estable y asequible para las actuales residentes, así como para las generaciones futuras.

En una cooperativa de cesión de uso:

- *La propiedad es colectiva*: el edificio pertenece a la cooperativa, no a las personas individuales, lo que evita la especulación.

- *El derecho de uso es indefinido*: las viviendas no pueden venderse ni alquilarse, pero sí transmitirse

de forma no lucrativa, manteniendo la estabilidad
y el acceso.

- *La gestión es participativa*: todas las cooperativistas
tienen voz y voto en la toma de decisiones, asegurando que las necesidades colectivas primen sobre
los intereses individuales.

Para poder cooperativizar un bloque, las vecinas deben
formarse en los principios del modelo cooperativo y generar un espacio de confianza y coordinación con el fin de tomar decisiones conjuntas. Asimismo, es crucial contar con
apoyo financiero de fuentes éticas, como FIARE o Coop57,
además de explorar subvenciones públicas y campañas
de micromecenazgo. La adquisición del edificio puede
negociarse con los propietarios mediante tanteo, retracto
o mecanismos que prioricen la opción colectiva. Una vez
adquirido el bloque, se establece un modelo participativo
que garantice cuotas ajustadas al mantenimiento y una go-
bernanza equitativa.

Al retirar los edificios del mercado especulativo, la
vivienda se convierte en un derecho colectivo, no en un
producto financiero. Las cuotas de uso se mantienen accesibles y desvinculadas de las dinámicas especulativas
del mercado, mientras que la gestión compartida fomenta
la solidaridad y la cohesión social, creando comunidades
más resilientes.

La cooperativización de bloques en lucha no solo es
una herramienta para resolver conflictos inmediatos, sino
también una apuesta estratégica por un modelo de vivienda capaz de romper con la lógica propietarista. Este enfoque trasciende el ámbito de la resistencia para construir
una alternativa real y replicable, mostrando que la vivienda puede gestionarse colectivamente, de forma democrática y solidaria.

La estrategia de la cooperativización de bloques en lucha es un ejemplo muy claro de eso que llamamos «prefigurar el futuro», de ese proceso de utilizar cada uno nuestros conflictos como una oportunidad para crear, poco a

poco, nuevas estructuras de uso de la vivienda que acaben con las injusticias estructurales que todas nosotras sufrimos actualmente. Esta apuesta, por supuesto, no puede entenderse de forma aislada, sino dentro de una estrategia más amplia de luchas sindicales, que pasa también por la expropiación de los edificios propiedad de fondos buitre como requisito previo para su cooperativización, con el objetivo de abrir nuevos caminos y convertirse en referencia de un nuevo parque público-cooperativo de vivienda.

Promover estas experiencias no solo resuelve problemas inmediatos, sino que transforma el imaginario colectivo, demostrando que otra forma de vivir y organizarse es posible. Cooperativizar no es solo resistir, es construir futuro.

La vivienda debería ser un derecho universal y de calidad, como la sanidad o la educación. Implica que todo el mundo tenga acceso a una vivienda digna, al margen de su situación económica, y que la vivienda no sea un medio de empobrecimiento de la población. Por eso creemos en un modelo de cooperativas públicas de vivienda en cesión de uso.

La vivienda en propiedad ha creado un modelo habitacional que ha favorecido la desigualdad, ha enriquecido a constructores, bancos y políticos, al tiempo que ha dejado a millones de personas sin vivienda y en situación de precariedad habitacional. El alquiler funciona ahora mismo como un medio de enriquecimiento de unos pocos y de empobrecimiento de las inquilinas. Además, tampoco nos asegura estabilidad a largo plazo. Por eso defendemos la cesión de uso como modelo inmobiliario integral y transformador, que garantiza formas de vida dignas, impide la especulación y la mercantilización de la vivienda, e impulsa otras formas de transformación social.

La cesión de uso no es alquiler, pero tampoco es compra. Es un modelo de gestión inmobiliaria alternativo que se basa en el régimen de cesión de uso. Se disfruta de la vivienda y se participa de la toma de decisiones sobre ella, pero no se adquiere la propiedad de la misma. Es lo contrario de la propiedad privada individual. Todas las personas que habitan el edificio deciden sobre el diseño de sus viviendas, los espacios comunes y gestionan la vida comunitaria, pero la propiedad es de la cooperativa. Así la vivienda no se constituye como un bien de inversión que permite aumentar el patrimonio personal, sino como un lugar donde vivir.

El objetivo es que la infraestructura y el modelo de gestión impulsen relaciones sociales y formas de vivir la ciudad que tengan en cuenta a las personas, creen comunidad y no permitan la especulación inmobiliaria. Compartir espacios y servicios es una forma de reducir costes ecológicos y económicos, pero sobre todo es un modo de construir una comunidad de vecinas y vecinos. El objetivo es crear ecosistemas que favorezcan la vida en común. Eso significa transitar desde la «comunidad de propietarios», que pivota sobre el interés individual, a la «comunidad de vecinas y vecinos», que cuida lo colectivo.

El cooperativismo de vivienda es aún muy minoritario en la mayoría de países, pero ha conocido un grado de desarrollo importante en algunos lugares. En Dinamarca, por ejemplo, las cooperativas de vivienda constituyen el 8 % del stock total de vivienda del país y un 30 % de la ciudad de Copenhague. En Norteamérica, la Confederación de Cooperativas de Vivienda de Canadá, por ejemplo, engloba a 2.200 cooperativas con 90.000 viviendas, que alojan a un cuarto de millón de personas. En Latinoamérica, el cooperativismo de vivienda se ha desarrollado sobre todo en Uruguay, donde existen en torno a 30.000 hogares en cooperativas. Este desarrollo geográfico desigual del cooperativismo viene acompañado de un alto grado de heterogeneidad institucional y organizativa.

En ciudades como Copenhague, como se ha dicho, las cooperativas conforman más del 30 % del parque de vivienda de la ciudad y la mayoría de estas se han constituido a partir del cambio de tenencia en inmuebles en régimen de alquiler. Para expandirse y mejorar su asequibilidad, el sector cooperativo necesita de un contexto institucional y de políticas públicas favorables. Sin embargo, su autonomía del Estado también es fundamental frente a medidas mercantilistas y privatizadoras que el gobierno de turno pueda promover.

Desde el Sindicato de Inquilinas apostamos por formar cooperativas en cesión de uso a partir de la organización de las inquilinas que viven en edificios de propiedad vertical. Desde hace algunos años, fondos, SOCIMIs y otros inversores están comprando este tipo de edificios para subir los precios y hacer negocio. Frente a ello, declaramos «Nos Quedamos» y formamos bloques en lucha. Pero no queremos solo resistir. Queremos pasar a la ofensiva. Adelantarnos a los fondos buitre. Queremos organizarnos como inquilinas para que, junto al Sindicato, podamos recuperar el edificio de manos de sus caseros y constituir una cooperativa en cesión de uso. Esto no incluye solamente la compra, sino cualquier otra fórmula que nos permita volver a poner en el centro el valor de uso de nuestros hogares y experimentar con otras formas de propiedad que no sean individuales: okupaciones, expropiaciones… Por eso nos tememos que adelantar a los especuladores y nos tenemos que organizar antes de que nuestros caseros nos suban el alquiler o nos echen. No queremos esperar a que un gobierno pretenda solucionar la crisis de vivienda con medidas estrella, somos nosotras, las inquilinas, las únicas con la capacidad real para generar esos cambios. Por ello, con las cooperativas en cesión de uso queremos poner en práctica desde hoy mismo la sociedad que queremos construir.

## RESUMEN DE LA SECCIÓN

**21. La asamblea inquilina**. Las asambleas son el núcleo de nuestra organización, donde las inquilinas se empoderan colectivamente para enfrentar juntas los conflictos de vivienda. Este espacio colectivo permite transformar el miedo en fuerza, dando a cada persona el respaldo de una comunidad organizada. Existen dos tipos de asambleas: territoriales, que se centran en barrios o municipios, y de bloque, para edificios de un solo propietario, potenciando así la capacidad de lucha desde una estructura de base.

**22. «Nos Quedamos»**. Frente a los abusos de los rentistas y las subidas de alquiler, la estrategia de «Nos Quedamos» propone una resistencia activa basada en la desobediencia civil, en la que las inquilinas, respaldadas por el Sindicato, se niegan a abandonar sus hogares. Esta táctica ha permitido frenar miles de subidas abusivas y expulsiones, y ha establecido una resistencia sólida ante las prácticas especulativas del mercado inmobiliario.

**23. Bloques en lucha**. La organización en «bloques en lucha» permite a las inquilinas de un mismo edificio unirse contra el mismo propietario, incrementando así su poder de negociación y creando un espacio de apoyo mutuo. Estos bloques desafían el modelo rentista al movilizar colectivamente a las personas, demostrando que, unidos, pueden transformar sus comunidades en espacios de resistencia.

**24. Organización por propietarios**. Agrupar a inquilinas que comparten el mismo propietario, especialmente aquellos con múltiples propiedades, refuerza la capacidad de presión y organización del Sindicato. Este modelo permite confrontar de manera eficiente las prácticas abusivas de grandes propietarios y fomenta la creación de un sindicato más cohesionado y poderoso.

**25. Acciones**. Las acciones directas, desde las ocupaciones hasta los escraches y otras formas de protesta, permiten visibilizar conflictos y ejercer presión en momentos clave. Estas acciones son fundamentales para movilizar a la comunidad y alcanzar victorias en conflictos específicos, generando una demostración de fuerza y compromiso colectivo.

**26. Brigadas inquilinas.** Las brigadas inquilinas llevan la organización a la ofensiva, adelantándose a los conflictos y organizando a las inquilinas antes de que enfrenten situaciones críticas. Estas brigadas permiten conectar con la comunidad y fomentar la organización sindical en nuevos espacios, asegurando que la defensa de los derechos no solo sea reactiva, sino proactiva.

**27. Negociación colectiva**. La negociación colectiva permite equilibrar el poder en las conversaciones con los propietarios. Abogar por negociaciones abiertas y participativas fortalece la cohesión entre las inquilinas y genera una conciencia de clase que se traduce en victorias colectivas. Esta herramienta es esencial para lograr acuerdos favorables y construir un sindicato con poder de decisión.

**28. Lucha cultural y mediática.** La visibilidad en medios y redes sociales es clave para desnaturalizar los problemas de vivienda y señalar a los responsables. Con un discurso contrahegemónico, el Sindicato desafía la narrativa de los intereses inmobiliarios y pone en el centro la urgencia de una vivienda justa y accesible para todas.

**29. Estrategias legislativas contrahegemónicas.** La lucha legislativa busca cambios en las políticas de vivienda, aunque siempre como parte de una estrategia más amplia y no como un fin en sí mismo. Las victorias legislativas, impulsadas por la presión social y la organización sindical, han permitido avances significativos, aunque insuficientes, en la protección de los derechos de las inquilinas.

**30. Huelga de alquileres.** Históricamente, la huelga de alquileres ha sido una herramienta poderosa para resistir a los abusos de los rentistas. Al dejar de pagar la renta de forma coordinada, las inquilinas desafían el sistema y presionan por un cambio. Aunque legalmente no está reconocida, la huelga de alquileres es una expresión de desobediencia civil que representa un acto de resistencia fundamental en la lucha por una vivienda digna.

**31. Cooperativización de bloques en lucha.** Es una herramienta clave para garantizar el derecho a la vivienda, retirando edificios del mercado especulativo y gestionándolos colectivamente mediante cooperativas de cesión de uso. Este modelo asegura estabilidad, accesibilidad y comunidades fortalecidas, ofreciendo una alternativa sostenible frente a la especulación inmobiliaria.

# Conclusión
## Construyendo poder inquilino

Se acabó el tiempo de espera. No podemos seguir confiando en la buena voluntad de una clase política que, aunque promete cambios, ha demostrado ser incapaz de asegurar el derecho a la vivienda para todo el mundo. La crisis habitacional en la que llevamos años sumergidas no es solo el resultado de una gestión política deficiente; es el síntoma de un sistema económico y social que prioriza las ganancias de unos pocos sobre las necesidades de la mayoría. La especulación, la acumulación de beneficios y el expolio de la gente de a pie son los motores de un sistema diseñado para beneficiar a unos pocos a costa de nuestras vidas. Ante esta realidad, no hay otra salida que nuestra organización colectiva, desde la base, para construir una fuerza capaz de enfrentar al sistema rentista y disputar el derecho a la vivienda como un bien común.

El alquiler no es un simple acuerdo entre propietarios e inquilinos. Es una relación de poder que refleja y perpetúa las desigualdades sociales y de clase que tanto hemos normalizado. Los grandes rentistas y los fondos de inversión acumulan propiedades y multiplican sus beneficios mientras millones de personas vivimos en la incertidumbre, con miedo e inseguridad, dedicando gran parte de nuestros ingresos a pagar por una necesidad básica. Incluso los pequeños caseros, que suelen presentarse como figuras inofensivas, se benefician de un sistema que normaliza la precariedad de las que no tenemos el control sobre nuestras viviendas. No podemos esperar que quienes sacan provecho de este modelo sean quienes lo cambien. Por eso, debemos construir un movimiento inquilino autónomo, estructurado y estable, con una estrategia clara para resistir y transformar.

La construcción de ese poder inquilino comienza en nuestras comunidades, en nuestro barrios, en nuestros bloques. En la proximidad con nuestras vecinas, compartiendo experiencias, identificando problemas comunes, generando confianza mutua e imaginando alternativas. Este trabajo de base es fundamental: es la semilla del poder popular, un poder que no depende de promesas electorales ni de instituciones externas, sino de nuestra capacidad colectiva para cambiar la realidad que nos oprime, mientras construimos las realidades con las que soñamos. Desde lo cotidiano, desde el trabajo del día a día, desde la potencia de la colectividad.

En este marco, buscar estrategias sindicales innovadoras y potentes, como el #NosQuedamos, la huelga o la autorreducción de los alquileres, no es solo una posibilidad sino una necesidad histórica. Frente a la inacción del Estado y la voracidad del mercado, dejar de pagar lo que nos empobrece se convierte en una forma legítima de desobediencia civil. Tenemos entre manos una herramienta muy potente, pero que requiere preparación, organización y, sobre todo, ser miles. Es fundamental construirla desde abajo, escalando el conflicto de manera progresiva, sumando a cada vez más personas mientras aliviamos nuestra precariedad individual y cuestionamos el modelo rentista. Que no se nos olvide: no son nada sin nuestro dinero.

Por eso, la lucha por la vivienda no puede separarse de otras batallas fundamentales. Las dinámicas que generan la crisis habitacional son las mismas que destruyen el medio ambiente, precarizan el trabajo, perpetúan el racismo y agudizan las desigualdades de género. Debemos avanzar hacia la confederación de nuestras luchas, articulando alianzas con sindicatos laborales, movimientos ecologistas, colectivos feministas y antirracistas. Juntas podemos construir un bloque que dispute no solo el derecho a la vivienda, sino un modelo de sociedad basado en la justicia social y el deseo de una vida digna de ser vivida. Esta unidad no busca diluir nuestras especificidades, sino fortalecer nuestras luchas al reconocer que compartimos un enemigo común: un sistema capitalista que pone los beneficios por encima de la vida. La transformación que buscamos no será ni inmediata ni fácil, pero es necesaria y urgente. Solo un movimiento amplio, solidario y organizado puede enfrentar la magnitud de los problemas que nos atraviesan.

Organizar nuestro poder inquilino es un proceso continuo de aprendizaje, resistencia y construcción colectiva. Se nutre de la actividad diaria, de cada conversación en el bloque, de cada asamblea, de cada tarea y de cada acción directa. Este libro no es el final de la lucha, sino el principio de una estrategia política más amplia para devolver el control de nuestras vidas a quienes siempre nos lo han negado: las personas como tú.

Hagamos de la lucha por la vivienda el eje de un proyecto político colectivo que ponga en jaque al modelo actual. Tomemos la iniciativa. Pasemos a la ofensiva. Imaginemos alternativas.

Se acabó el tiempo de esperar. Es hora de construir poder inquilino. Hazlo con nosotras.